Hexie Qiye Goujian Yanjiu

# 和谐企业
# 构建研究

李伟 著

武汉大学出版社

图书在版编目(CIP)数据

和谐企业构建研究/李伟著. —武汉：武汉大学出版社,2017.4
ISBN 978-7-307-19216-4

Ⅰ.和… Ⅱ.李… Ⅲ.企业管理 Ⅳ.F272

中国版本图书馆 CIP 数据核字(2017)第 082399 号

责任编辑：唐　伟　　　责任校对：李孟潇　　　版式设计：马　佳

出版发行：武汉大学出版社　　（430072　武昌　珞珈山）
（电子邮件：cbs22@whu.edu.cn　网址：www.wdp.com.cn）
印刷：虎彩印艺股份有限公司
开本：720×1000　1/16　印张：11.5　字数：200 千字　插页：1
版次：2017 年 4 月第 1 版　　2017 年 4 月第 1 次印刷
ISBN 978-7-307-19216-4　　定价：38.00 元

版权所有，不得翻印；凡购我社的图书，如有质量问题，请与当地图书销售部门联系调换。

# 引　言

　　党的十六大以来，党中央从全面在中国建设小康社会、开创具有中国特色的社会主义伟大事业的新局面出发，在大力推进经济社会不断进步与发展的基础上，明确提出了在中国构建社会主义和谐社会的宏伟目标。目前，这一根本性的战略思想与使命已经深入人心，并得到了中国社会各行各业和全国各族人民的拥护和支持。

　　企业是社会的细胞，和谐企业是和谐社会的基石。建设社会主义和谐企业，不仅是中国企业不断获得成长与发展壮大的必然要求，同时，也是积极构建社会主义和谐社会的重要组成部分或内容。

　　和谐是企业发展的原动力。一个企业要发展，内外环境和谐是关键。以企业和谐促进企业发展，以企业发展保障企业和谐，两者是内在统一，并相辅相成的。因此，应该把构建社会主义和谐企业作为中国企业崇高的奋斗目标，从而达到企业的经济效益与社会效益相统一，最终实现企业的可持续发展。和谐是一个企业获得竞争力的源泉。一个优秀企业的存在，是不断战胜自我和竞争对手、不断创新和发展、不断提升市场竞争力的过程。企业只有善于创新、勇于创新，不断提升竞争力，才能赢得市场，不断取得成功。而这一过程必须建立在企业和谐的基础上。所以说，和谐是企业获得竞争力的源泉。和谐是企业经营管理的目标，也就是说，现代企业经营管理的好与坏，其和谐程度是一个重要的工作指标与评价标准。所谓"内求团结、外求发展"，不仅代表着一个企业的理念与宗旨，更昭示着现代企业经营管理的具体发展目标，而且，它包含着衡量现代企业生产经营过程中，一切工作成败得失的标准。因此，和谐在现代企业经营管理体系中具有战略性的地位。

　　和谐对于一个企业来说如此重要，那么如何构建社会主义中国的和谐企业呢？本研究认为，首先，要实现员工的自我和谐；其次，要实现企业的内部和谐；再次，要实现企业与外部环境的和谐；最后，要加强和谐的企业文化建设。

# 目 录

## 第一章 和谐企业概述 ... 1
### 第一节 和谐的内涵 ... 1
一、和谐的含义 ... 1
二、中国古代的和谐思想 ... 2
三、企业在构建社会主义和谐社会中的积极作用 ... 4
### 第二节 和谐企业的内涵 ... 5
一、和谐企业的含义 ... 5
二、和谐是企业发展的根本 ... 7
三、我国在和谐企业构建方面存在的困难和问题 ... 14
### 第三节 构建和谐企业的基本原则 ... 18
一、科学发展原则 ... 18
二、以人为本原则 ... 18
三、依法治企原则 ... 19
四、公平公正原则 ... 19
五、服务社会原则 ... 19

## 第二章 员工的自我和谐 ... 21
### 第一节 自我和谐的内涵 ... 21
一、心理和谐的含义 ... 21
二、自我和谐的含义 ... 22
三、影响自我和谐的因素 ... 23
四、积极心理学与员工自我和谐 ... 26
### 第二节 企业员工自我和谐的内容 ... 28
一、积极情绪 ... 29
二、自我效能感 ... 30
三、希望 ... 31

四、乐观 ································································· 31
　　五、主观幸福感 ····························································· 32
　　六、情商 ································································· 32
　　七、复原力 ······························································· 33
　　八、心流 ································································· 33
第三节　员工自我和谐的价值和实现措施 ········································· 34
　　一、员工自我和谐的价值 ··················································· 34
　　二、当前社会转型期企业员工自我不和谐的表现及后果 ························· 35
　　三、企业员工自我和谐的实现措施 ··········································· 38
　　四、在促进员工自我和谐中职业道德修养的作用 ······························· 42
第四节　领导与员工的自我和谐 ··················································· 43
　　一、真诚领导 ····························································· 44
　　二、授权领导 ····························································· 44
　　三、伦理—道德领导 ······················································· 45
　　四、路径—目标领导 ······················································· 46
第五节　和谐企业的员工幸福感 ··················································· 46
　　一、幸福感的结构及界定 ··················································· 47
　　二、和谐企业员工幸福感的制度基础与形成机制 ······························· 48
　　三、企业员工幸福感的提升路径 ············································· 51

第三章　企业内部的和谐 ························································· 58
第一节　营造稳定协调的劳动关系 ················································· 58
　　一、营造稳定协调的劳动关系是构建和谐企业的基础 ··························· 58
　　二、目前我国企业劳动关系中存在的不和谐现象 ······························· 59
　　三、我国企业劳动关系中存在问题的原因分析 ································· 61
　　四、解决企业劳动关系中存在问题的对策 ····································· 63
　　五、加强"三方机制建设"是营造和谐劳动关系的关键 ························· 66
第二节　维护和谐的人际关系 ····················································· 67
　　一、人际和谐是和谐管理的基础 ············································· 68
　　二、维护和谐的人际关系是构建和谐企业的有效途径 ··························· 69
　　三、企业维护和谐人际关系的措施 ··········································· 71
　　四、建立完善的沟通系统是维护和谐人际关系的关键 ··························· 72
第三节　建立基于内部和谐的薪酬管理制度 ········································· 73

一、我国企业内部和谐薪酬管理中存在的问题和原因 …… 73
　　二、企业内部和谐薪酬管理的原则 …… 76
　　三、提高企业内部和谐薪酬管理的建议 …… 76
　第四节　构造创新型企业思想政治工作 …… 78
　　一、企业思想政治工作的性质及内容构成 …… 78
　　二、思想政治工作在构建和谐企业中的作用 …… 79
　　三、创新思想政治工作促进企业和谐发展 …… 80
　　四、非公有制企业和谐建设中思想政治工作的创新 …… 81

第四章　企业与外部环境的和谐 …… 84
　第一节　企业与外部环境和谐的基本理论 …… 85
　　一、企业与外部环境和谐的内涵 …… 85
　　二、企业与外部环境和谐的理论基础 …… 87
　　三、社会文明进步与和谐社会发展 …… 92
　第二节　我国企业环境社会责任制度的现状或问题 …… 94
　　一、相关立法理念有待更新 …… 94
　　二、政府环境责任制度建设有待加强 …… 95
　　三、企业环境责任制度缺乏可操作性 …… 96
　　四、社会公众对企业环境责任监督不足 …… 96
　第三节　民主法治与和谐企业制度环境建设 …… 97
　　一、建设民主法治制度环境，构建和谐企业 …… 98
　　二、构建和谐企业进程中的民主法治制度建设措施 …… 100
　第四节　我国企业与外部环境和谐的实现路径 …… 103
　　一、培育企业社会责任意识，实现从经济人向生态人过渡 …… 103
　　二、健全企业环境社会责任的激励约束机制 …… 104
　　三、健全企业环境社会责任的外部监督机制 …… 106
　　四、健全企业环境社会责任法律机制 …… 108
　　五、建立企业生产者责任延伸机制 …… 109

第五章　和谐企业文化建设 …… 110
　第一节　和谐企业文化的内涵 …… 110
　　一、企业文化相关理论 …… 111
　　二、企业文化的作用 …… 112

三、我国企业文化建设的现状 …………………………………… 116
　　四、和谐企业文化的提出 ………………………………………… 120
　　五、和谐企业文化的功能 ………………………………………… 123
　　六、和谐企业文化建设的意义 …………………………………… 125
　第二节　和谐企业文化体系 ………………………………………… 127
　　一、和谐企业文化的物质体系 …………………………………… 127
　　二、和谐企业文化的行为体系 …………………………………… 128
　　三、和谐企业文化的制度体系 …………………………………… 129
　　四、和谐企业文化的精神体系 …………………………………… 130
　第三节　建设和谐企业文化的策略 ………………………………… 131
　　一、成立和谐的企业文化建设组织机构 ………………………… 131
　　二、加强企业内部和谐文化建设 ………………………………… 132
　　三、加强企业外部和谐文化建设 ………………………………… 139
　　四、制订和谐企业文化建设的工作方案 ………………………… 146
　　五、加强企业内部文化与外部环境诊断分析 …………………… 151

**结论及价值** ……………………………………………………………… 153

**参考文献** ………………………………………………………………… 155

# 第一章 和谐企业概述

当今中国,和谐思想已经深入人心,越来越成为人们关注的热点。和谐思想不仅是一个国家执政党所坚持的先进执政理念,而且是一个组织或者企业,在自己的生产经营活动中所追求的核心价值观和宗旨。一般来说,企业是一个国家在经济活动中的参与主体,也是构成一个社会的基本元素或者细胞。因此,在中国构建社会主义和谐企业,应该说,既是企业组织自身建设与发展的基本需要,也是实现党中央所提出的构建和谐社会战略总目标对企业的根本要求。同时,对于企业组织自身而言,它也是实现企业长期或可持续发展的必然选择。其实,谈起和谐这个主题,它既是一个古老的思想,又是一个很常新的话题。古今中外,很多的圣贤、哲人和思想家都曾对此进行过长期的思考、探索和研究,并提出了各具特色的思想。在人类发展的历史长河中,中西方和谐思想作为人类理性的产物和人类文明的共同财富,不断引导着人们向着先进与文明发展的方向前进。

## 第一节 和谐的内涵

### 一、和谐的含义

"和谐"这个词在《现代汉语词典》里的解释是"配合得适当和匀称"。其中,"和",即柔和、温和、和缓、和睦,主要体现了人们在心理活动上的一种主观感受,以及在为人处事和行为方式方面的一种态度;"谐",即事情或任务已经办妥、商量好,主要反映了事情或任务处理结果适度或得当、稳定有序的一种状态。所以简单来说,可以把"和谐"理解为人与人、人与物、物与物相互之间,配合适度得当、稳定有序的一种状态。

和谐作为一种哲学思想和理念,是指不同事物相互之间辩证、相对与动态的联系和统一,具体体现为各种事物或要素之间相辅相成、相互促进和共同发展的关系。一般来说,和谐并不代表事物之间是一团和气、没有矛盾、没有冲突的，而是强调"和而不同"，即各种事物或元素之间是有差异的统一。当不同事物或者元素处于一种和谐的状态时，它们相互之间能够更加协调地生存和发展，而矛盾、分歧和冲突往往处于非常低的水平。此时，人与人、人与物、物与物之间，往往处于一种配合良好、稳定有序的状态之中。

和谐具有多元性、差异性、包容性和秩序性的特点。具体而言，多元性，是指和谐体由多个主体或多个元素构成，如家庭、企业、国家、社会等；差异性，是指多个元素处于一个共同体当中，有各自的利益和需求，相互之间有一定的差异；包容性，是指共同体内部多个元素之间求同存异，只求共同性，忽略或保留其差异性；秩序性，是指在遵照法律原则、道德原则，或其他原则的条件下，可以通过协调各个方面的利益，使各方面的利益都能在一定的秩序下获得满足。

## 二、中国古代的和谐思想

和谐是中国传统哲学思想的灵魂之一。早在春秋战国时代的诸子百家，在很大程度上把追求和谐，作为自己的人生目标之一和学术思想的核心价值所在。在现阶段，大力继承和发扬中国古代哲学中的和谐思想与理念，积极有效地指导和谐社会与和谐企业的建设，将具有非常重要的作用。

事实上，中国古代和谐思想的内容是非常丰富的，也是博大精深的。根据对中国古代经典历史文献的研究与分析，"和"字最早出现在甲骨文和金文中；而《易经》中的"兑"卦，就包含"和"的思想，它代表着一种大吉大利的征象；另外，《尚书》中也有"和"字，用来表现在天下、国家、组织和家庭等领域中，其内部组织结构和治理体制，相互协调良好、稳定有序的一种状态。需要重点说明的是，春秋战国时期的许多思想家更多地把"和"字作为一个哲学学科体系中的抽象概念或范畴，加以系统地研究，从而揭示了和谐的本质内涵和价值所在。具体而言，主要包括以下三个典型的观点。

1. 和谐机制论

在老子的思想中，他把"道"作为其哲学理念中的最高范畴，从"道"到人世间万事万物的产生，其发展过程可以简单地概括为："道生一"——道本身就是一个完整的统一体或系统；"一生二"——在道这个统一体或系统中，包含阴和阳两种最基本的元素或构成要素；"二生三"——在阴元素和阳元素二个基本构成要素相互影响或相互作用下，会形成第三种状态，即阴阳和谐的氤氲状态；"三生万事万物"——在所谓阴阳和谐的氤氲状态，又会产生和进一步形成宇宙间其他所有的万事万物。基于此，老子提出了"阴阳相冲以为和"的观点，即和谐是阴元素和阳元素相互对立、冲突而产生的一种状态，而且，这种状态始终处于"道"的统一体中，阴阳两种元素则是和谐状态的内在产生机制。在这里需要说明的是，道教中"阴阳太极图"作为一种图腾，就是这种状态的形象描述。① 这种思维的理念、方式和方法，被后来的学者称为"和谐的辩证法"。

2. 和谐本质论

在儒家思想的创始人和奠基人孔子的观念体系中，一个核心的观点是所谓的"和而不同"，其揭示出了和谐理念的一个本质的特征。这里的"和"，体现的是在由许多性质相异、甚至有冲突的诸多元素构成的系统中，各种构成元素相互之间同时又是相互协调和相互促进的。另外，这里的"同"，体现的是在一个系统或统一体中，并没有相异、冲突或不同的构成元素。因为，在孔子看来，完全相同、没有任何差异或区别的因素，通过一般的简单相加是不可能产生新的事物或形成一种新的状态的。基于此，可以看出，孔子心目中所谓的"和谐"，简单地说，就是一种有差异、对立、甚至冲突因素造成的统一，而不是无差异、对立和冲突因素简单地相加所造成的统一。所以说，和谐的本质就在于，一个统一体内部包含有多种因素的差异、冲突与协调。②

3. 和谐价值论

孔子的学生有子提出"和为贵"的基本观点。这里所谓的"贵"，反映的是一种值得珍惜和重视的意思，含有明显的价值判断的作用。所谓"和为贵"，就是和谐是整个人世间中，最值得推崇和最为珍贵的一种价值观体现，以及一种非常美好的系统状态。和谐思想与理念之所以具有如此高的地位、价值和作用，用荀子的话简单地概括就是所谓的"和则一，一则多力"。在他看来，在一个组织的生产、经营和运作的过程中，如果其成员能够和谐相处，保持一种良好、稳定的秩序或状态，集体的力量就会增加很多。相应地，组织的实力也就会变得越来越强大，而强大的群体、集体或组织也就会必然战胜其他的万事万物。在此基础上，孟子明确提出了"天时不如地利，地利不如人和"的观点，在"天——地——人"中，"人"具有

---

① 吴冀林，李镇远：《打造和谐企业》，人民出版社，2011年版，第5页。
② 李桂花：《企业和谐管理》，经济管理出版社，2007年版，第15页。

最高的地位；同样，在"时——利——和"中，"和"具有最高的价值。①孟子认为，一场战争中，人心的向背往往是决定战争胜负的主要因素。因此，如果一个企业组织在生产、经营和运作的过程中，其所有内部成员能够实现一种和谐的相处，上下齐心合力，就能够实现战无不胜。

和谐是宇宙万物存在的基础，或者说，宇宙万物都存在于和谐的状态中。显然，中国传统的和谐思想具有鲜明的民族特征，它在一定程度上，或多或少地反映出中国传统古代文明所具有的内敛、封闭的特点，伴随着中国两千多年来历史发展和演变的过程，最终形成了现代中国政治、社会与经济发展的价值观核心或者基础。

和为贵，谐为宝；和为本，谐为上。祈盼和顺、追求和谐是中华民族的文化传统和高尚品德。多年来，和谐理念深深植根于人们的实际生活当中，影响着人们的思想观念和行为准则：治国安邦讲"政通人和"；经商做生意讲"和气生财"；居家过日子讲"家和万事兴"；人与人之间讲"礼之用，和为贵"；人与自然讲"天人合一，和乃天道"。因此可以说，和谐乃是处理中国各种政治、经济和社会关系的箴言和要义。同时，它也为当今中国构建社会主义和谐社会，以及建设和谐企业提供了重要的宝贵思想资源。

## 三、企业在构建社会主义和谐社会中的积极作用

### （一）企业是建设社会主义和谐社会的基本物质载体

和谐社会是一个包容面非常广的系统概念，既包括生产力，又包括经济基础。因此，构建社会主义和谐社会，不仅要解决好生产力方面的问题，而且还要安排好经济基础方面的工作。根据和谐的本质要义，和谐社会的建立必须是以社会财富的不断积累为基础的，而这又依赖于企业组织，因为企业是一个社会中最基本的生产经营单位。如果没有企业的长期可持续发展，国家也就失去了构建社会主义和谐社会的基本物质基础，和谐社会的建设也就成了无源之水、无本之木。纵观国际社会，无论是哪种制度类型的国家，只有拥有大量实力雄厚、盈利能力强、具有强大财富创造价值与功能的企业，社会发展才会比较和谐。从中可以看出，企业在国民经济和社会发展中发挥着重要的作用，它奠定了社会主义和谐社会坚实、雄厚的经济基础和发展实

---

① 吴维库：《以价值为本——和谐组织纲领》，机械工业出版社，2010年版，第9页。

力。因此，完全可以认为，企业就是建设社会主义和谐社会一个基本的物质载体。

### （二）企业是维护社会经济稳定的基本就业载体

社会发展实践证明，一个社会只有实现充分的就业，尽可能地降低失业率，广大人民收入有保障，才能维护社会的稳定，也才能为构建和谐社会创造条件。进一步来说，企业在一个社会中创造了最多的就业岗位，它是社会劳动力最主要的吸纳者，是解决社会就业问题最重要的渠道。尤其是伴随着城镇化建设步伐的不断加速，只有让企业组织实现或获得可持续发展，才能够尽可能多地为广大社会成员提供就业岗位，以确保充分的劳动者就业，从而维护社会稳定，促进和谐社会的建设与长期发展。

### （三）企业是人与自然环境实现和谐发展的基本载体

构建社会主义和谐社会的重要内容之一，就是要实现人与自然环境的和谐发展。而要实现人与自然环境的和谐发展，换句话说，就是要实现企业组织与自然环境的和谐并存与共处。一个经验常识就是，企业的发展与自然环境是密切相关的，企业在为社会、地区创造各式各样的物质产品，或提供多种多样的服务的同时，也在不断地消耗着大量的自然资源，大多数企业财富的创造是有赖于大量自然资源的。在现实生活中，自然资源是稀缺的，而且，许多资源是无法再生的，所以，只有切实做到企业与自然环境的和谐发展，才能够有效实现和获得企业的长期发展，才能最终不断推动和促进社会主义和谐社会的大力建设。

## 第二节 和谐企业的内涵

和谐是推动企业实现长期发展的灵魂。一个企业组织要获得发展，既要注重内部和谐，也要实现外部和谐。以和谐不断促进企业组织发展、以企业组织发展来长期保障和谐，两者内在统一、相辅相成。因此，应该把建设社会主义和谐企业，作为企业自身追求的目标和长期的任务，从而达到企业的经济效益与社会效益相统一，最终实现企业长期、可持续的发展。

### 一、和谐企业的含义

企业是社会中的一个基本细胞，构建和谐企业既是企业不断发展壮大的必然要求,也是促进社会主义和谐社会建设的重要推动力和组成部分。和谐企业,是指在企业生态系统中,其构成的各个要素或各个组成部分之间和谐、稳定和有序的一种状态,它涉及企业的方方面面。具体而言,就是指一个企业应该具有"依法治企、科学发展,公平协调、团结有序,诚信合作、安全效益,美化环境、服务社会"的基本特征①。其核心是,一个企业组织通过促进自身员工内在的自我心理和谐、组织的内部和谐与外部和谐,从而实现企业的经济效益与社会效益同时获得较大的提高,进而最终实现企业组织长期、连续和协调的发展。

和谐理念是一个企业组织的立足之本和发展之基。企业存在和发展的关键是效益,因此企业要不断开拓创新,加强生产经营,实现长期、连续地发展,就必须有内在心理和谐的员工,组织自身内部、组织与外部环境之间处于稳定、协调和有序的状态之中。否则的话,就无法获得可持续的发展。商海起伏,有多少企业在社会和市场中一时声名大噪,之后就迅速黯然消失。究其根本原因,基本都与不和谐有关,也就是说,在其内部与外部,往往出现了许多不和谐的因素。当这些因素累计达到一定的程度后,就可能会爆发危机,从而严重影响和阻碍企业的发展。

因此,每一个企业都应该积极努力地去构建或建设和谐企业,以实现企业员工、组织自身内部、组织与外部环境之间的和谐,从而推动企业的长期协调发展。一般而言,企业和谐主要包括企业员工的自我和谐、企业内部的和谐、企业与外部环境的和谐三个方面的基本含义或内容。

第一,自我和谐是心理和谐的核心。心理和谐体现的是个体在其心理活动的过程中,内在心理的协调一致和外在周围环境的一种相互适应的心理品质或者状态。一般来说,对于心理和谐的个体而言,他不仅能够客观地认知,并恰当地处理现实生活、工作中所面临的各类问题与困难,而且能够正确合理地接纳自我,并有礼有节地和他人和谐相处;一个心理和谐的个人,往往更加善于调整自己的心理状态,既能充分地享受生活中各式各样的美好事物,又能勇敢地面对和承受来自各方面的艰难与困苦。自我是一个个体最核心的部分,因而自我和谐自然成为其他和谐状态和过程的根本基础。也就是说,一个人是否形成心理方面的自我和谐,将会直接影响其本人其他方面的认知、情感与行为倾向,进而影响到其他方面的状态和过程。根据对以往文献的梳理,对于自我和谐问题的研究,专家学者们经常集中于从两个角度

---

① 吴冀林,李镇远:《打造和谐企业》,人民出版社,2011年版,第13页。

来开展：一是从分析个体心理过程的角度出发，认为自我和谐指的是一个人基本心理过程的协调统一；二是从自我和谐概念的角度进行探讨。

第二，企业内部的和谐是企业和谐体系中最基础和最重要的组成内容。一般来说，要达到企业组织的内部和谐，就必须在建设和谐的劳动关系、营造和谐的人际关系、完善员工薪酬福利制度等方面下工夫，为员工营造和谐的组织环境，达到提高企业竞争力的目的。这就要求管理者具有协调观念，注重协调企业组织各个部门机构内部以及部门机构之间的关系，包括组织架构、薪酬收入分配制度、生产运作过程、人力资源的配置与激励措施等，以使员工个体的行为符合企业组织的战略目标，最终使各个方面和各项内容、措施达到一种平衡。总的来说，企业组织内部的和谐，是企业采用较为人性的个性化管理理念，最大限度地尊重员工个人的差异需求，培养员工的工作满意度和对组织的忠诚度，进而成为企业获得不断发展的核心推动力量和竞争力的源泉。

在现代经济活动中，团队的作用越来越被重视。在高效率、高产出的企业中，团队已经成为主要的工作单位。团队效率的高低、工作质量的好坏直接影响企业的效益。作为企业的领导者或者团队负责人要在团队里营造出和谐团结的氛围，团队成员之间要和睦相处、齐心协力，共同努力为企业的目标奋斗。

第三，企业与外部环境的和谐是社会主义和谐企业建设的重要外在保障。一般来说，企业与外部环境的和谐是指企业与企业系统在自然、经济、政治、地理和人文等方面环境的和谐。其中，最重要的是与自然环境之间的和谐。从这个方面或角度而言，企业组织就需要积极主动地观察外部环境的变动或变化，并尽可能随时根据环境的变动或变化，对企业自身的组织行为进行政策的调整和规划，以便组织系统更好地及时适应外界环境对企业造成的影响。企业与外部环境之间的关系是否和谐，对一个企业来说至关重要，它将直接决定着企业是否能够实现长期的可持续发展。

企业在生产经营的过程中，若能有效实现这三个方面的和谐，就会形成强大的推动力或力量，并成为促进企业不断获得良性发展的内在动力系统。

## 二、和谐是企业发展的根本

### （一）和谐是企业的核心经营理念

和谐是一个评价企业经营管理效果非常重要的指标和尺度。因为和谐是一种基本的哲学思维和取向，它必然有其悠久的历史沉淀。这种沉淀常常会自然地转化为一种组织内部厚重的文化根基。而且，它最终会内化为现代企业在生产、经营和运作过程中，组织成员的一种定式思维习惯和行为倾向方式，从而给企业带来巨大的生命力和更加广阔的成长与发展空间。

根据国内外一些企业的成功经验，和谐已经逐渐成为一个企业组织生产、经营和管理的核心理念和理想，并在其中处于一种核心战略地位与价值。这主要是因为：一方面，和谐理念不仅包括企业内部各个要素之间稳定、有序的状态，也涵盖着企业组织与各种外部环境之间的一种秩序与良好相处。和谐理念不仅在制度上建立起一系列维护各方主体权益关系、处理各种困难和问题的体制与机制，而且还成为企业员工心灵得到慰藉的一种精神境界，最终变成提高组织凝聚力、感召力与向心力的源泉；另一方面，和谐理念也内在地促成了企业文化诸因素之间的协同关系，表现为企业的价值取向、思维观念和行为规范，具体包括：在主导企业的宗旨、使命和价值观以及目标的追求上，和谐确实凝聚了组织成员所共同认可的一切观念；而在企业员工的精神目标追求上，和谐经常潜移默化地、悄然地、不自觉地影响着员工的各种思想观念和行为方式，最终将员工的个人利益与企业的整体利益目标很好地协调和整合起来。

信念是一个企业组织的凝聚力根源，是一个企业组织的精神支柱，也是企业员工具有归属感、向心力、创造力与生命力的重要标志。一般而言，信念可以被看做是一种方位定向器，企业提倡与崇尚什么样的信念，广大普通员工就会相应地把某样东西作为追求的目标。因此，企业信念最大的功能与作用，是强调企业目标与员工个人工作目标的一致，强调员工价值观与企业价值观的相似，强调员工之间吸引力和企业对员工向心力的趋同。美国企业文化研究专家狄尔和肯尼迪曾经这样说过："一个强大的信念几乎是美国企业持续成功的幕后驱动力。"① 因此，一个企业要在激烈的市场竞争中获取胜利，信念才是最高层次的激励力量源泉。从这个角度而言，未来的全球竞争实质上就是一种信念的竞争，所以，企业唯有培养出一种能够激励员工，在竞争中不断获得成功的坚定信念，才能在市场上立于不败之地。

和谐因其整体、系统、有序和协同的精神，成为现代企业生产、经营、运作和管理的灵魂与根本，也成为现代企业生产经营过程中不懈努力追求的一种信念。企业在实践中，和谐信念常常具有导向棒的基本功能，主要表现

---

① 吴冀林，李镇远：《打造和谐企业》，人民出版社，2011年版，第17页。

为它可以长期引导和激励员工为实现组织的宗旨、使命与长期战略目标，自觉努力地工作。具体而言，这种导向棒的功能主要是借助直接引导员工的心理状态和行为，以及通过整体的价值观认同来激励员工发挥作用。

在企业的生产、经营、运作和管理的实际活动中，和谐信念常常会帮助员工相互之间沟通思想感情，融合理想与情操，培养和激发成员们的团队意识和集体主义精神。当然，和谐信念也会形成一种思想与价值观的约束力，它能够通过具体化企业的制度、守则与章程，为企业员工提供必须遵守的各种行为准则。

一方面，和谐作为一种信念，是多样性的和谐。一般情况下，企业所面临的各种复杂环境，直接决定了企业组织和谐的性质以及多样性的组织形式。因此，就和谐的各种类型而言，有高程度和谐与低程度和谐，有局部和谐与整体和谐，有暂时和谐与持久和谐，也有内部和谐与外部和谐，等等。这就决定了企业组织要能够运用和谐理念，恰当地甄别和谐的性质、形式和类型，从而使企业在不同发展阶段、不同发展程度、不同发展形式上始终处于和谐的发展状态；另一方面，和谐是全面系统的和谐。多样性的和谐，意味着企业在多种构成要素的矛盾运动过程中，始终会保持共赢或多赢的局面。这就要求企业不仅应追求其内部员工自身的和谐，员工与员工之间的和谐，还应谋求其与外部环境之间的和谐。

由此可见，和谐作为一种企业信念，是企业所有员工致力追求的固有价值观、思维方式和行为方式，是一个企业不断提升生命力，有效应付各种问题、困难和挑战的力量源泉。现代企业实践说明，和谐作为企业的信念包括物质和精神两个层面的内涵。物质层面往往是表象，常常由一系列有形的企业文化因素组成，如企业标志、产品外观、广告宣传以及各种规章制度和行为规范等；精神层面则是企业信念的实质，它由各种无形的理念因素所构成，一般包括企业的价值观、经营哲学、企业精神、企业风貌等。

综观国际企业管理实践，世界上许多著名的企业大多在不同程度或层面上展现出自己独特的和谐价值观。如微软公司在内部管理上始终灌输着三个信条：（1）对个人的尊重；（2）员工的终生雇佣；（3）强调人人平等。[①] 该公司认为，保持员工高水平的工作满足感，永远是公司首先要考虑的问题。因为员工不断地努力，会使企业在提供殷勤有效的客户服务上保持首屈一指的声誉。另外，惠普公司也把和谐作为自己的经营理念，这具体体现为

---

① 吴冀林，李镇远：《打造和谐企业》，人民出版社，2011年版，第20页。

该企业价值观中的五个核心要素：（1）相信和尊重员工；（2）追求最高的成就，追求最好；（3）做事情一定要非常正直，不可以欺骗用户，也不可以欺骗员工，不能做不道德的事情；（4）公司的成功是靠大家的力量来完成，并不是靠某个个人的力量来完成；（5）相信不断地创新，做事情要有一定的灵活性。[①] 正是这些企业价值观，使得惠普公司员工的言谈举止和行为方式都烙上了惠普的和谐信念情结，它成为惠普公司不断发展、不断走向成功的动力源泉。

综上所述，和谐思想是一个现代企业的立足之本与发展之基，也是现代企业所致力于追求的理念、信念和理想。理念能够生成信念，信念则可以铸就理想。现代市场经济条件下的成功企业，就是在面对错综复杂的环境因素，不断总结和运用和谐思想使自身不断发展进步的。

### （二）和谐是企业发展的基石

和谐是一个企业发展的基石，也就是说，企业的生存和发展必须以组织和谐为前提。国内外有几百年历史的企业的实践表明，企业要想基业长存，不断地成长与壮大，就要实现组织成员内在的自我心理和谐，协调好企业组织内部的各种关系使其稳定有序，平衡好企业组织系统与外部自然环境之间的良好关系，以使企业从其成员到组织的内部与外部都能够达到和谐的水准。要做到这一点，企业管理者就必须树立和谐的思维观。只有有了和谐的思维观，才会有和谐的发展观。用和谐的发展观统领企业的发展，建立和谐的劳动关系，是适应现代企业改革和发展的需要，是不断提高企业竞争力的需要，也是企业在激烈的竞争中求生存、求发展，实现利润与价值最大化的需要。和谐作为企业发展的基石，有以下两个方面的重要表现：

一方面，它必须是立足于利益多元化基础上的和谐。企业必须强调市场导向，然而市场竞争中常会带来各个利益主体之间的矛盾、摩擦，甚至冲突，企业只有通过建立一种不断解决矛盾和冲突的机制，来完善一个多元化的竞争状态。所以说，企业立足于利益主体多元化，或者说满足各方相关主体利益基础条件上的和谐，才是真正构成所谓企业发展基石的和谐。从这个意义上来讲，一个充满活力并能够获得长期发展的企业，实际上就是那种能够积极容纳各种分歧、矛盾，甚至冲突，而且有办法与能力平衡各种分歧、解决各类矛盾和冲突的组织。

---

① 吴冀林，李镇远：《打造和谐企业》，人民出版社，2011年版，第20页。

另一方面,它必须是重点关注并积极努力缩小差距的和谐。一般而言,在企业组织内部,由于成员个人能力、努力和背景程度的不同,必然会造成他们相互之间存在一定的差距。如果只是简单地实施一味杜绝差距的平均主义,那企业的和谐就根本无从谈起。当然,主体利益的多元化所造成的非公平、非公正的极端两极分化,更不是我们所倡导的企业组织和谐。因此,现代的和谐理念与思维,应该是重点关注并积极努力缩小差距的和谐,而非简单地消灭差距的和谐。和谐企业的积极意义并不在于无差距的平均主义,而恰恰在于因成员个人能力、努力和背景程度的不同,尤其是面对多元化主体利益的格局,能够公平、公正与合理地缩小各利益主体之间的差距,使其控制在一定的程度和范围内,并把它转化为一种推动和促进企业不断成长与发展的动力。

那么,企业组织的管理者应该如何打造这种企业和谐发展的基石,进而实现企业的长期与可持续发展呢?

第一,要加强企业文化建设,以文化促进企业内部和谐。企业文化建设对构建社会主义和谐企业非常重要。先进或优秀的企业文化具有和谐的属性,它必然会促进内部和谐企业的构建。我们知道,企业竞争力是由企业的一系列资源,通过各种有效组合形成的牢固占领市场、获得长期利润的能力。它包括人力资源、技术资源、营销资源、管理资源和文化资源等。这种企业的核心竞争力就是企业文化中的企业理念和核心价值观,它具有买不来、拆不开、带不走等特征。企业要做到基业长青、和谐发展,不仅要关注物质的价值,更要关注员工个人的价值。一般来说,企业员工不仅仅有对工资待遇等物质方面的追求,还有精神追求、价值追求,有时候,它对员工自我价值的实现更有意义。从这个角度来说,企业管理者要强调用正确的、先进的价值观来激励全体员工,从文化心理上去满足员工的各种高层次需要。当员工和企业有了一致的目标以后,员工就会迸发出工作热情和能量,就会为促进其自身的心理和谐,以及实现企业组织的内外和谐贡献自己的知识和能力,从而使企业成为市场竞争中的胜利者。

第二,要不断加强人力资源的开发和人才队伍的建设。既然企业的发展得益于各个岗位的员工,那么就必须让员工能够分享到企业不断发展壮大的成果。要关心员工,要不断优化待遇留人、事业留人、感情留人的良好环境,在薪酬制度、办公环境、工作强度和认同感、福利、培训以及提升机会等方面提高员工的满意度。为此,要不断加强对员工的培训,创造创新人才使用机制;要遵循市场规律,建立对外有竞争力、对内有公平性的薪酬激励制度；要加强民主管理，充分发扬民主，形成"企业和谐人人有责，和谐企业人人共享"的良好局面。

第三，要促成企业承担相应的社会责任，促进企业与外部环境的和谐。从经济学意义上来讲，企业作为一个营利组织，其根本目标是追求利润的最大化。然而，在一定道德和法律的领域中，企业是一个比普通个体公民更为重要、更为强大的"企业公民"，从这个角度而言，它必须对国家、地区、社区承担一定的社会责任。同时，企业作为一个国家和地区中的社会组织形式或单元，不能够脱离这个社会而简单孤立地存在。从根本上说，社会的发展决定企业的发展，企业自身的各种生产经营活动必须是以社会为背景的，因而，企业目标和企业利益就不得不受到社会目标、社会利益和社会价值的约束。这种约束使得企业目标、企业利益和企业价值，在一定程度上必须服从于社会目标、社会利益和社会价值的实现，它决定了企业应该为社会承担一定的责任。

根据学者们的研究与观点，企业社会责任是指在一定时期，社会所赋予企业组织的各种伦理、法律和人道精神的众多期望，比如维护员工的利益、保护消费者的权益、保护自然环境、遵守国家的法律与法规、参与社会公益活动、支持慈善事业，等等。企业社会责任强调企业组织在追求自身经济效益的同时，必须关注员工、客户、政府、社区和自然环境等相关利益主体的种种需要。

企业社会责任的概念随着经济社会的发展受到越来越普遍的关注。它的提出，标志着人类社会的一大进步，标志着人类由传统的单纯关注经济发展，到现代的更加关注社会和人的可持续发展，也标志着社会对企业的评判标准，已有传统的单纯关注企业的经济效益到现代的更加关注企业的社会效益，要求企业不仅是一个营利组织，同时还应该是一个对自然、人类、社会、经济协调发展负责任、有企业道德的社会组织。市场经济体制是以市场配置资源为本质特征的经济体制，它要求个人和企业对自身正当、合法权益的追求必须限制在不损害他人和社会公共利益的范围内。也就是说，企业只有满足社会和他人的需求，才能满足自己的需求，只有不损害社会和他人的合法权益，才能维护自己的合法权益。因此，企业作为社会的一个基本生产单位，它的发展受到社会环境因素的制约与影响，因而具有经济组织和社会组织的双重身份，在努力追求自身利益最大化的同时，还必须具有明确的社会责任意识。反过来讲，企业如果一味追求经济效益，视本企业的经济利益高于一切，不顾对环境的破坏、对自然资源的掠夺，不惜采用一切手段去损害他人和社会的利益，大量生产、销售各种各样的假冒伪劣产品，甚至置广大人民群众的生命于不顾，这样的企业可能在短时间内会增加经济收益，但是，这种短期收益显然是以牺牲社会和他人的权益为成本或者代价的，完全是一种长期自杀式的行为。根据对企业组织长期的观察，这类企业往往会为自身的短视而付出巨额的代价，也最终会被整个经济社会所淘汰。所以，在社会主义市场经济体制下，企业要充分认识到承担社会责任的重要性，并能够自觉履行对社会的责任和义务。

### （三）和谐是企业竞争力的源泉

对于一个企业来说，要想获得可持续的发展，必须不断战胜对手和自我，不断创新和发展，不断提升竞争力。企业只有善于创新、敢于创新，不断提升竞争力，才能赢得市场，不断取得成功，这实际上是一个长期的过程。这一过程必须建立在企业处于和谐状态的基础之上，因此，和谐是一个企业获得竞争力的源泉。原因在于，和谐的企业往往会形成一种合力，这种合力是一种促进企业全面、进步的积极力量，而通过这种力量激发企业活力，调动一切可以调动的重要因素以便形成更为强大的合力，可以给企业带来更加高效的长期发展。如果一个企业不和谐——员工自我不和谐、内部不和谐、与外部环境不和谐，那么，这个企业将是不健康的，也是没有生机和活力的。具体来说，比如企业内部上下级之间、员工与员工之间不能和谐相处，各行其是，甚至出现内部协商比外部协调还要困难的情况；或者企业的外部关系糟糕，没人相信企业的产品，与组织外部环境不协调等，那么，这个企业的生产力与竞争力水平如何就可想而知了。而企业的和谐发展观，既是充分调动员工的积极性和创造性，从而有效地增强企业的市场竞争力，同时，又可以实现与销售商、供应商、消费者等利益相关主体之间的良性互动，从而推动一个国家和地区的社会、经济与生态等各方面的协调发展。因此，和谐就是企业的生命力。

和谐是企业获得竞争力的源泉，"企和则万事兴"。从企业管理的角度来看，一个企业、一个组织，其内部全体人员和谐、团结，同心协力，形成一种凝聚力和向心力，正是这个企业的发展力量与动力所在。如果企业中的团队内部不团结，各个部门之间互相推诿，部门与部门之间互相不支持、不合作，人与人之间相互不信任，组织涣散，那么，这个企业是绝对没有生命力的。因此，一个企业，在努力提高员工知识、技能等素质的同时，也要强调员工的道德建设，把职业道德与社会公德有机地结合起来，把和谐文化成功地移植到企业中来，在企业中精心打造"和谐"的理念，营造浓厚的和谐氛围，把企业塑造成温暖的"大家庭"，从而实现内部绩效优化。这样的话，才能有效地提高客户对企业的忠诚度，提高企业组织品牌的市场美誉度；才能减少或杜绝企业组织与各级、各类供应商以及销售商之间的对立、矛盾和冲突，实现整个产业链和价值链的良性发展；才能有效促进企业与社会公众、客户的和谐相处，提升企业的竞争力，实现企业的外部和谐，进而"和气生财"，实现价值与利润的最大化。

和谐是企业的竞争力之源，没有和谐，企业必将因过度竞争而遭遇发展的瓶颈。正如英国学者约翰·凯所说："一个成功公司的核心因素应超越以赚钱为经营目的。正是这个因素激发了企业员工的忠诚度，使组织有创造和革新的激情与动力，最终使企业能够获得成功的生产运营。理解了生财有'道'的含义是使经济保持持续发展的先决条件。"① 因此，管理者一定要树立大家普遍认可的理念和价值观，改善和化解劳动过程中的各种矛盾，同心协力、协同作战，这是企业自身持续健康发展的本质需要。另外，要积极引导员工对和谐企业的认同，最终提升企业组织的市场竞争力水准。

综上所述，企业要通过构建社会主义和谐企业，以和谐提升经济效益，以经济效益促进和谐，使企业向着良性的成长轨迹不断发展。如果企业只是单纯追求经济利益，不注重构建和谐企业，则说明那只是企业一种只顾短期经济效益的短视行为。国内外企业的发展实践均表明，只有坚持和谐才是推动和促进企业获得长期效益与价值、实现长期目标的基础条件，而效益也是企业和谐建设的根本保证，两者互为因果，相互促进。企业只有一手抓经济效益，一手抓组织和谐，才能让和谐与效益同步发展，提高企业的竞争力。所以，企业的管理者必须牢固树立和谐理念，用和谐理念指导企业的生产经营活动，从而提高企业的市场竞争力，使企业组织走上持续良性发展的道路。

### 三、我国在和谐企业构建方面存在的困难和问题

近年来，随着经济发展水平的不断提高，我国的企业越来越重视企业的科学发展与和谐发展，在企业的内、外部和谐建设等许多方面取得了比较明显的进步。然而，按照构建社会主义和谐社会的基本要求，我国企业组织在

---

① 吴海宁：《公关问题管理——为企业营造和谐环境》，机械工业出版社，2007年版，第51页。

建设和谐企业方面仍然存在着一定的困难与问题,集中表现在以下几个方面。

1. 企业的组织规模实力与赢利水平不高

在现阶段的中国,企业组织虽然在成长方面获得了一定的发展。但是,在企业的组织架构、管理制度和经营体制等深层次领域,仍然存在着一定的矛盾和问题。这些矛盾和问题,直接导致了企业的市场化经营程度不够高,组织财富的创造能力不强,企业的综合实力与发展后劲不足。与国际先进企业相比,我国企业的资产规模不大、利润水平不高。例如,2006年中国企业500强资产规模仅相当于世界企业500强的7.1%;在利润总额方面,中国企业500强相当于世界企业500强的6.6%;在世界企业500强中,实现利润最多的埃克森美孚公司,实现利润361.3亿美元,中国企业500强实现利润最多的企业是中石化公司,实现利润折合27.3亿美元,相当于埃克森美孚的7.6%,而埃克森美孚一家公司实现的利润就相当于中国企业500强总利润的45.1%,盈利能力不在一个层次;在收入利润率方面,中国企业500强的平均收入利润率为4.64%,而世界企业500强的平均收入利润率为6.42%;在净资产收益率方面,中国企业500强的平均净资产收益率为9.44%,而世界企业500强的平均净资产收益率为14.67%。① 这些数据都显示,我国企业在整体上盈利能力并不强,要构建社会主义和谐企业,还有漫长的道路要走。

2. 经济增长的质量不高、成本巨大

当今时代,建设资源节约型、环境友好型企业,是构建社会主义和谐企业的一项重要标准。近些年来,我国企业在转变传统增长方式方面,虽然取得了很大的进步,但其中各种各样的矛盾依然十分尖锐,而且,从增长方式来说,粗放式的发展特点却依然十分明显,这主要表现为以下几个方面。

第一,能耗和物耗都比较高。目前我国钢材消费约占全世界的1/4、氧化铝约占1/4、水泥约占1/2、煤炭约占1/3、发电量约占1/8,而GDP总值却不足全世界的1/30。根据有关机构的测算,我国每创造一美元产值所消耗的能源是美国的4.3倍、德国和法国的7.7倍、日本的11.5倍。我国经济增长的成本高于世界平均水平25%以上。

---

① 秦洪泰:《创建和谐企业目标与途径探索》,东北师范大学硕士学位论文,2008年,第9页。

第二，循环经济发展比较落后。目前，我国的能源利用率为33%，工业用水重复使用率为55%，矿产资源总回收率为30%，分别比国外先进水平低10个、25个和20个百分点。

第三，生态破坏比较严重。我国企业在发展中，对自然资源持续过分的掠夺，使得整个国家生态破坏趋势加剧，环境污染问题突出。目前在我国，每增加1个单位GDP的废水排放量比发达国家高4倍，单位工业产值产生的固体废弃物比发达国家高10倍。2004年联合国有关机构公布的世界10大污染严重城市中，中国竟占据了7个。据世界银行测算，中国的空气污染和水污染造成的损失已经占到当年GDP的8%。而据中科院测算，环境污染使我们国家的发展成本比世界平均水平高了7%，环境污染和生态破坏造成的损失占到GDP的15%。① 这种主要靠消耗能源来实现经济增长的方式如果不尽快得到转变，不仅会严重破坏自然环境，而且也不利于企业的持续健康发展，更是与和谐社会与和谐企业的建设要求严重背离。

3. 安全生产事故频繁发生

以人为本、安全生产，是企业对员工所承担的最基本的一种义务和社会责任，也是构建社会主义和谐企业的基本要求。客观上来讲，我国企业在获得高速发展的同时，在实践中确实存在着很多一味追求眼前经济利益而忽视安全生产的现象。近年来，这种现象尤为突出，给企业员工的健康、乃至生命，带来巨大的、不可挽回的损失。比如，我国经济高速增长，对于煤、电、油的需求越来越大，而其瓶颈制约现象和问题逐渐凸显出来，而少数企业为了获取高额的经济利润，不顾企业设备与设施的负载能力以及员工的生命安全，盲目提高生产速度和加快生产进程，由此酿成了许多重大的悲剧。2006年1月1日至2006年12月24日全国已发生一次死亡10人以上特大事故95起，死亡1562人。其中山西左云新井煤矿、辽宁阜新五龙煤矿、中国东方航空云南公司等发生的多起特大矿难和空难事故更是骇人听闻。据国家安全生产监督管理局统计，仅2004年上半年，全国煤矿事故就达1736起，死亡2644人。我国每生产百万吨煤炭，平均就有近3名矿工遇难，这远远

---

① 马蔚华：《企业家在构建和谐社会中的使命》，《中国企业报》，2005年4月13日。

超过美国的煤炭百万吨死亡率 0.03 的水平。① 企业安全生产意识的淡漠,使企业和员工都付出了沉重和惨痛的各种代价,也对社会主义和谐企业的建设,造成了严重的破坏作用和影响。

4. 依法治企的认识需要深化

伴随着社会主义市场经济的快速发展,我国企业的法制建设进程也在不断地加快步伐,生产经营等组织行为得到了较为有效的引导和规范。尽管如此,在企业组织的很多领域仍然存在着一些问题,集中体现在以下几个方面:

第一,劳资关系矛盾与冲突呈上升趋势。目前,在中国国内的很多企业组织中,员工或职工代表大会制度还很不健全,在一些企业完全是流于表面形式,不能有效地履行法律所赋予的相关职权与职责,这直接导致了企业员工的合法权益难以得到充分的实际保障。特别是在国企改制过程中,因员工身份转换、经济补偿等问题引发的争议较多,集体上访事件不断发生;而在非公有制企业中,长期不与员工签订劳动合同,不给员工办理社会保险,拖欠甚至克扣员工工资,已经引起了广大员工的不满和社会的关注。

第二,非公平竞争现象依然很严重,企业之间为抢夺客户、拥有资源、占领市场,不惜采用一些非正常手段,严重扰乱了市场经济秩序。

第三,企业诚信度不高,存在弄虚作假、假冒伪劣、偷税漏税等失信行为,这已经成为危害我国社会主义市场经济建设和社会发展的重要因素。比如,安徽阜阳劣质奶粉致使众多无辜婴儿伤亡,亿安科技及东方电子等上市公司的丑闻事件损害了广大投资者的利益。以上事实表明,我国企业依法治企的观念还很淡漠,在很多领域尚有待进一步强化,相关机构对企业的监管力度还需进一步加强。

5. 企业的文化建设比较欠缺

和谐企业组织文化,是社会主义中国和谐文化的重要组成部分和基本内容。伴随着我国国民经济发展水平的不断提高,不论是国有企业还是民营企业,都对企业文化建设有了较为深入的认识,也在不同层面试图提炼、打造自己的组织文化,并相继产生了诸如海尔文化、大庆油田文化、蒙牛文化等

---

① 秦洪泰:《创建和谐企业目标与途径探索》,东北师范大学硕士学位论文,2008年,第 10 页。

成功的企业文化。但是从大多数国内企业的文化构建来看，企业文化建设尚处于起步阶段，还未形成适应世界经济发展趋势和我国社会主义市场经济发展特点要求，遵循文化发展规律，符合企业发展战略，反映企业特色的企业文化体系，因而带来企业的凝聚力、向心力和创新力不足。

## 第三节 构建和谐企业的基本原则

### 一、科学发展原则

随着我国企业的不断成长，基本上摆脱了以往计划经济的各种制约与束缚，逐步建立起现代的企业制度。然而，很多企业的发展模式、管理体制和经营思路并没有得到相应的调整和改变，导致一些企业迷失了发展方向，甚至开始走向衰退。比如，双鹤药业、巨人集团、三株集团、秦池古酒等知名企业的没落与破产，等等。这些企业的失败，其原因主要是组织自身对整个社会经济形势的误判，以及企业对自身发展能力的错误评价，相应地做出错误的组织发展战略与对策。所以，面对经济全球化的趋势和日益激烈的市场竞争环境，中国企业要想做大做强，立于不败之地，就必须遵循科学发展的原则。所谓科学发展，就是企业组织要坚持全面、协调和可持续的发展。具体而言，也就是企业组织在获得不断发展的时候，既要严格遵循市场经济的运行规律，又要遵循企业组织自主创新的规律，而不能做出违背客观规律和自身实际情况，盲目追求企业的快速扩张、效益增长和利润最大化的决策与任务。否则的话，企业的存续必定是短暂的，也是昙花一现的，构建和谐企业的目标与追求也就根本无从谈起。

### 二、以人为本原则

在一个企业中，员工往往是和谐企业的构建主体，因此，只有高度关注企业与员工之间的关系，和谐企业的建设才会有根本的依托。[①] 胡锦涛同志曾经在十七大报告中强调指出"科学发展观的第一要义是发展，核心是以人为本，要做到发展为了人民、发展依靠人民、发展成果由人民共享"。所以，作为企业组织，充分发挥员工的积极作用才是构建和谐企业最直接的源泉。基于此，在建设和谐企业的过程中，必须坚持以人为本的原则。要确立

---

① 赵茂祥：《坚持和谐原则构建和谐企业》，《工会论坛》，2006年第01期。

起人力资源是第一资源、人力资本投入是效益最大化投入的基本理念,严格按照尊重知识、尊重才能、尊重员工的根本要求,充分关心和重视解决员工最直接的现实困难和问题,正确处理好企业与员工之间各方面的关系,创造出组织发展为了员工、组织发展依靠员工、发展成果由成员共享、全体员工和谐相处的良好局面,最终为建设社会主义的和谐企业提供良好的基础和环境。

### 三、依法治企原则

民主法治是社会主义和谐社会的根本特点。同样,社会主义和谐企业的建设也需要依靠民主法律制度来推动与促进。依法治企,就是企业在生产经营的各项活动过程中,要严格贯彻和遵循"法律至上、依法生产、依法经营"的治企原则和方式。它要求组织在管理、治理企业的时候,要严格遵守各项法律、法规及规章制度。所以,依法治企是企业组织形成高度管理稳定、经营有序的必然要求。在建设和谐企业的过程中,企业的管理者和员工都要树立强烈的法律意识与理念,增强依靠法律、法规和制度规范企业组织行为的观念,在组织内部形成制度化、规范化的行为准则和决策方式,最终在广大社会中树立起"依法治企"的企业良好形象。

### 四、公平公正原则

公平公正是指在一个社会中,其成员能够公平、合理地处理相互之间,以及与社会之间关系的一种平衡态度和行为方式。就和谐企业而言,它一般包括对内公正和对外公平两个方面的含义。其中,对内公正,就是要求企业在处理组织内部各项事务的时候,如员工提拔任用、报酬待遇、奖励惩罚以及员工之间的关系,都要严格按照组织的制度规定来办事,做到按制度管人和管事,从而实现公平与正义,在企业组织内部创造一个各主体相互之间和谐共处的良好工作氛围;对外公平,则要求企业在与客户、供应商与销售商等组织外相关主体进行交易合作的时候,能够坚持以诚相待、合作共赢、互惠互利,始终为企业组织创造与保持一个良好的企业外部生产和经营环境。

### 五、服务社会原则

企业最主要的目标就是发展生产力,生产和经营各种满足国家经济建设与社会发展,以及人们各种生活需要的产品与服务,为整个社会创造价值和物质财富。当然,对于一个企业而言,除了这些基础的功能与作用之外,它还承担着管理员工、维护经济秩序与社会稳定、保护生态环境的社会责任。从这个角度而言，服务社会已经不是企业是否自愿的目标行为，而是组织自身应该尽的义务和必须履行的重要责任。现代企业发展实践证明，如果一个企业只是单纯追求利润最大化，那是有悖于市场经济发展规律的。可以断言，一个没有任何社会责任感的企业或组织是不可能获得长期繁荣与可持续发展的，构建和谐企业更无从谈起。所以，一个企业只有对社会负责、对人民负责，树立起服务社会的理念与原则，才会得到社会的公认和赞誉，其影响力和公信力才会不断提高，这对企业的长期与可持续发展是有巨大影响和作用的。

# 第二章 员工的自我和谐

## 第一节 自我和谐的内涵

### 一、心理和谐的含义

#### (一) 和谐思想下的心理和谐

在一个社会中,社会成员心理状态的变化常常表现为,广大社会集体成员的价值观、人格、意志和态度等的变化。伴随着中国经济改革与开放程度的不断发展和前进,中国整个社会的经济结构发生了翻天覆地的变化,与之相随的是人们工作与生活节奏的加快、工作与生活压力的增大,导致人们在人际互动中交往心态出现失调和失衡现象,甚至出现焦虑和抑郁等心理与情感障碍,进而给人们带来心理上的各种矛盾与问题。[①] 在此社会背景与环境下,十六届六中全会在《构建社会主义和谐社会若干重大问题决定》中明确指出:"注重促进人的心理和谐,加强人文关怀和心理疏导,引导人们正确对待自己、他人和社会,正确对待困难、挫折和荣誉。加强心理健康教育和保健,健全心理咨询网络,塑造自尊自信、理性平和、积极向上的社会心态。"这一举措的出台拉开了在中国广大社会中,构建社会成员心理和谐的序幕。

#### (二) 心理和谐的核心——自我和谐

通常意义上来讲,心理和谐表现的是一个个体内在心理协调一致和外在环境相互适应的一种状态。一般来说,心理和谐的人不仅能够客观地认识现

---

[①] 王金云:《人的心理冲突与矛盾产生根源剖析》,《河南大学学报(社会科学版)》,2005年第5期。

实中面临的各类问题，而且能够妥善、恰当、有效地处理这些苦难和现实问题；而且，心理和谐的个体，常常会更加善于调节自己的心理状态，所以，他们也更容易克服和摆脱各种困境；心理和谐的人能够正确地看待与接纳自我以及他人，既能够充分地享受社会生活中的各类美好事物，又能勇敢地承受着各式各样的艰难和困苦。①

对一个人而言，只有自我心理健康，他才会快快乐乐，并且完整充实地工作与生活。因此，一个人要想追求并达到内在的心理和谐，就必须先做到了解自我。自我是否和谐经常通过直接影响一个人的认知结构、情感体验以及行为倾向，进而影响个人心理和谐的其他方面。一般而言，由于自我是个体最核心的部分，因而自我和谐是其他和谐形式、类型和状态的基础，因此可以认为，个体自我和谐就是其心理和谐的核心。

## 二、自我和谐的含义

### （一）自我和谐的概念

根据对以往文献的梳理，对于自我和谐（self-consistency）问题的研究，主要是从分析个体心理状态的过程的角度出发，认为自我和谐主要反映的是一个人基本心理过程的协调与相互适应的一种状态。

一般而言，个体的心理和谐主要表现为，其心理过程协调一致和相互适应良好的一种状态。因此，根据相关学者的研究，心理和谐的评价标准主要包括认知协调、情绪稳定和意志坚强等多方面的内容。② 其中，认知协调反映的是，一个人为了实现自己心理的平静与稳定，常常会主动地在认知结构与过程领域中，寻求一种协调和平衡。关于这一点，张德玄等（2009）实证研究了大学生认知灵活性与心理健康状况之间的关系，结果表明认知灵活性与大学生的心理健康水平呈显著的正相关关系③；情绪稳定体现的是，一个人常常能够体验与表现出更多的、受人欢迎的积极、正性和正面的情绪，在情绪调控方面具有较强的控制能力——即使有时候会体验与表现出消极、负性和反面的情绪，也能够迅速地恢复到正常的、可以接受的，与现实情境

---

① 郭玉云：《心理和谐与和谐社会》，《昌吉学院学报》，2009年第2期。
② 俞国良：《浅释"心理和谐"》，《前线》，2007年第3期。
③ 张德玄，郑莉君，李问等：《认知灵活性与大学生心理健康的相关关系》，《中国学校卫生》，2009年第4期。

相符的情绪状态与水平；意志坚强表现与反映的是，一个人在工作与生活中，是否具有确定的行为目标并且据此自觉地支配与调节自己的行动，从而最终实现预定目标的心理状态和过程。个体具有坚强的意志特点，通常包括果断性、坚韧性、自觉性和自制力等；行动与知情意相一致。一般而言，一个人的行动与其自身的认知、情感和意志，必须是协调并且有效结合的。否则，当一个个体认识到自己出现或者可能出现的错误行为时，却仍一意孤行，或者是认识到自己应该去做某件事情却不去完成，这样的话，是非常容易导致自我悔恨或受到自我良心谴责的。所以，一个人只有做到知行统一、言行一致，才有可能实现或者保持一种自我内部心理过程和谐一致的状态。

### （二）自我和谐与心理健康的关系

自我和谐是一个人心理健康的重要标志与评价标准。大量关于个体自我和谐与心理健康之间关系的研究均表明，二者之间确实如一般经验常识上理解的一样，呈现出显著的正相关关系。胡华等（2002）以军校大学生为样本，研究了大学生自我和谐与心理健康之间的关系，实证结果显示二者呈正相关关系。赵冰洁等（2003）的研究发现，大学生的心理健康与自我不和谐之间具有极其显著的负相关关系。温子栋等（2008）的研究结果表明，大学生总体自我和谐以及"自我与经验的不和谐""自我的刻板性"等因子，均与其自身的心理健康状况呈显著的正相关关系。左银舫等（2006）的实证研究发现，心理健康状况较好的大学生的自我和谐程度显著高于心理健康状况较差的大学生。因此，在实践中，完全可以通过自我和谐概念的具体和操作化测量方式与方法，作为测量一个个体心理健康水平的重要参考指标与评价标准。[①]

## 三、影响自我和谐的因素

### （一）家庭因素

一般而言，个体的自我心理和谐发展水平，常常会受到个人遗传和家庭环境两个方面因素的直接影响。其中，家庭环境的直接影响主要表现为：一方面，在不同家庭教养环境下成长起来的小孩，其长大后自我和谐的水平与

---

[①] 郑莉君，黄海涵，贾文斌：《当代社会和谐思想的核心——自我和谐研究综述》，《宁波大学学报（教育科学版）》，2010年第6期。

程度，会有比较大的区别和差异。关于这个方面，王才康等（2002）的实证研究结果显示，父母教养方式构念中的父母情感温暖和理解因子，以及父母保护和干涉因子都与中学生的自我效能感和情绪智力呈显著的正相关关系，而自我效能感和情绪智力恰恰是反映一个人心理和谐状况的重要指标。蒋文明等（2009）的研究也同样表明，父母教养方式和大学生本人的自我和谐状况存在显著的正相关关系；① 另一方面，家庭中婚姻关系质量的好与坏也会对一个人的自我和谐水平产生直接的影响。家庭中成员的婚姻状况对成员本人的生活，甚至工作情况会有一定的影响。具体而言，一些学术研究发现，家庭中成人的婚姻冲突和满意度之间的交互效应，可以有效预测成人的抑郁症状况，比如家人婚姻冲突的水平会放大他们婚姻满意度和抑郁症状之间的负相关关系，进一步来说，婚姻满意度又会对家庭成员个体的自我和谐状况产生显著直接的影响作用，因为成员婚姻满意度的降低可能使家庭婚姻生活中出现更多的矛盾、问题与争吵，进而自然会导致他们自我和谐程度的下降。②

### （二）职业因素

职业因素对一个个体心理状况的影响，比较直接的体现就是对员工心理自我和谐状态所发挥的影响作用。比如，具体来说，员工的职业枯竭③与其工作满意度之间就存在显著的正相关关系，二者均可以有效预测员工的自我和谐水平。朱浩亮等（2008）研究了中学校长职业倦怠与自我和谐之间的关系，发现中学校长的职业倦怠感水平与其自身的自我和谐呈显著的负相关关系。④ 石晶等（2009）对陕西省高校教师的跟踪研究表明，高校教师的工作满意度与其心理健康状况具有典型的负相关关系。唐芳贵等（2008）对湖南省 3 所高校教师的问卷调查也证明了这个结论。而 Jackson 和 Maslach 等（2007）认为，员工的工作倦怠常常会通过降低其自我效能感水平，产

---

① 蒋文明，曹燕：《大学生自我和谐与父母教养方式关系分析》，《中国学校卫生》，2009 年第 9 期。

② 李利娜，陈瑞君，徐冬梅：《婚姻质量与妊娠中后期抑郁焦虑情绪的关系》，《中国妇幼保健》，2007 年第 2 期。

③ 职业枯竭是指一个个体无法适应外界超出个人资源和能量的临界要求时，对个体所产生的生理、心理以及行为等方面的身心耗竭状态。

④ 朱浩亮，黄飞，张建新：《中学校长职业倦怠与自我和谐的相关研究》，《中国临床心理学杂志》，2008 年第 2 期。

生抑郁、焦虑、烦躁与无助感等负面情绪，进而影响个体的心理和谐状况。① 综上所述，员工的职业枯竭以及工作满意度的下降，都会对其自身的心理健康问题产生直接影响，并进而影响员工的心理和谐水平。

除此之外，一个人所面临的工作与家庭之间的问题与冲突②，也会对员工本人的自我和谐状况以及水平产生直接的影响作用。谢义忠等（2007）的研究发现，一个人的工作家庭冲突对其自身心理健康状况具有显著的负向影响作用。③ 更进一步，罗耀平等（2007）的研究发现，个体认识到的工作家庭冲突水平越高，其自我苦恼程度越大，个体的主观幸福感越低，相应地，其自我和谐状况越差。Parasuraman 等（1997）发现，员工的工作家庭冲突和其生活压力显著相关，而且冲突越大，个体所感觉到的抑郁、焦虑、易怒等负面情绪也越多，并常伴随着自我和谐水平的下降。也有研究关注工作家庭平衡方面，实证研究结果发现，工作家庭平衡与工作满意度呈显著的正相关关系，这自然会提升一个员工的心理自我和谐状态（李永鑫，赵娜，2009）。④ 综上所述，能够妥善处理工作与家庭冲突的企业员工，似乎更容易平衡工作任务与家庭生活之间可能出现的冲突、对立和矛盾关系，进而更容易达到心理上的自我和谐状态。

### （三）人际交往因素

人是社会中的人，人与人之间必然存在着一定的社会交往。而人是否能够有效地融入社会，并与周围的人保持一定良好的人际关系质量水平与状态，将对其自我和谐状况产生直接的影响作用。关于这个方面，高强（2008）的研究探讨了人际交往因素与一个人自我和谐程度之间的相关关系。结果显示，自我灵活性程度低的个体，由于在人际交往方面不会换位思考，相应地就会更容易出现人际关系的不和谐状况；而且，人际交往关系中

---

① 石晶，郑子建，唐燕等：《陕西省高校教师工作满意度与心理健康之间的关系研究》，《医学与社会》，2009年第2期。
② 工作家庭冲突通常是指工作中的角色压力和工作之外家庭中的角色压力之间存在的冲突。一般来说，工作 家庭冲突有两个方向：工作—家庭冲突和家庭—工作冲突。
③ 谢义忠，曾垂凯，时勘：《工作家庭冲突对电讯人员工作倦怠和心理健康的影响》，《心理科学》，2007年第4期。
④ 李永鑫、赵娜：《由冲突走向平衡：工作—家庭关系研究的新趋向》，《河南大学学报（社会科学版）》，2009年第1期。

的差异冲突、交往屏障和相互支持,能较好地预测一个人的自我和谐水平。① 同样,王军(2007)研究了工科院校大学生的自我和谐感知与人际交往能力之间的关系,发现大学生的人际交往感受性取向、社会退缩取向以及整体交往能力,对其自我和谐状况感知均有一定的预测作用②。

### 四、积极心理学与员工自我和谐

一般来说,根据和谐的本质内涵及要义,和谐企业不仅包括组织内外利益主体之间的和谐,也应该包括组织成员内在的心理方面的和谐。人是建设和谐企业最基本的主体,因此,构建和谐企业首先要努力保持人作为主体内心的自我心理和谐,这是实现和谐企业建设过程中的首要条件。因而,在构建社会主义和谐企业的过程中,必须加强对组织成员心理和谐基础理论的研究与思考,并以此作为基本原则或原理,进而指导企业组织成员实现自我心理和谐的实践活动。事实上,员工的自我和谐是员工的一种心理认知过程或心理活动,所以,要实现员工的自我心理和谐,必须以心理学的研究成果作为指导,并以心理学的理论和研究体系来激励和促进员工的自身和谐,最终使其服务于构建社会主义和谐企业的根本目标。

就心理学的发展和演变过程而言,传统心理学更多地关注于人类的心理问题与心理疾病的诊断和治疗。与传统心理学不同,现代心理学强调心理学不仅要研究和思考人类工作与生活中所存在的各种负性问题,更应该积极关注人类心理活动过程中的积极因素,要大力研究人的各种积极心理资源和能量。正因为如此,现代心理学在某些方面又被称为积极心理学。积极心理学重点关注人的良好心理特质和心理状态等积极品质,强调使员工个体各得其所,能够获得个性化的良性发展。本研究正是试图引入积极心理学的最新研究成果,从一个新的角度来思考如何获得员工的自我心理和谐,进而实现构建社会主义和谐企业的目标。

### (一)积极心理学的内涵

积极心理学(positive psychology)发起于 20 世纪末期的美国,来源于

---

① 高强:《大学生自我和谐与人际关系满意感的关系》,《内蒙古师范大学学报(哲学社会科学版)》,2008 年第 6 期。

② 王军:《工科院校大学生自我和谐感与人际交往能力的关系研究》,《心理科学》,2007 年第 6 期。

一场声势浩大、具有重大影响作用的心理学革命或运动。根据希尔顿和劳拉·金的观点，积极心理学主要是致力于研究人所天生或后天具有的、可以开发的美德、潜力等积极品质的一门科学。① 也就是说，积极心理学主要关注的是人类的美德、良好品质、积极的情绪体验、积极的认知过程、积极的人格特质或心理状态等人类的积极属性。积极心理学的主要思想观点包括如下三个方面：第一，积极心理学是一门关于促进人类如何实现不断追求幸福与美好生活的科学，它强调努力地去帮助大多数人生活得更加幸福、更加美好，进而促进人类的繁荣与发展；第二，积极心理学提倡要用积极和发展的眼光来看待人，并着力于发现每个个体所具有的积极和优秀属性，比如潜能、动机和能力等，这是它有别于传统心理学最主要的内容；第三，积极心理学强调要对一个人工作与生活中出现的各种困难和问题，尽可能地做出积极的认知、解释与归因，或者说，要更多地看到它们的积极影响因素和结果方面，并运用一切积极的心理品质、潜力或属性，来解决和克服个体所面临的困难与问题。②

**（二）积极心理学思想对企业员工自我和谐构建中的指导作用**

积极心理学把培养人的积极品质和挖掘人的积极潜力，作为研究的重心。它强调当一个企业的组织成员在工作与生活中遇到困难和问题时，就需要以积极的、乐观的和正性的认知、态度以及眼光来看待它们。从这个角度来说，积极心理学对社会主义和谐企业建设目标下的自我和谐实现，显然具有明确、良好和有效的指导作用。

具体而言，积极心理学研究积极的个人特质和心理状态，包括能力、勇气、宽容、情商、毅力、复原力、希望、乐观、主观幸福感等。事实上，建设社会主义的和谐企业从本质要义上讲，就是要积极开发和挖掘企业组织成员的能力、积极品质和属性——关注人的积极方面，注重开发人的积极潜能或力量，培养一个企业成员的积极人格，从而使其获得一种和谐的心理感受或主观体验。相应地，获得积极人格的企业组织成员，就会更多地把生活环境中所面临的困难与问题，归因于外在的可变化因素，即使自己处于任何的

---

① 马甜语：《积极心理学及其应用的理论研究》，吉林大学博士学位论文，2009年，第25页。
② 任俊，张义兵：《积极心理学运动对我国构建和谐社会的启示》，《学术论坛》，2005年第12期。

不利环境条件下，都会向着好的结果和方向去努力。一般来说，要提高组织成员的快乐水平和程度，就要激发他们的积极的心理品质、状态或属性（谦虚、友谊、满足、公平与正义等），帮助员工个体在日常工作与生活中感受到美好。这种美好可以使员工们产生众多的积极情绪体验，拓展他们的知行能力，增强人体的智力水平和社会协调性，从而使个体获得比较高的工作与生活满意度，最终有助于进一步强化企业员工自己的主观和谐感受和体验。

自我和谐是和谐企业的重要组成部分，是和谐企业的应有之义。因此，加强社会主义和谐企业的建设，就需要用积极的、正面的视角来对待困难或问题。既然心理和谐的主体是人，那么，坚持以人为本的原则自然也就成为构建社会主义和谐企业的重要心理学基础。因此，我们要从人文关怀的角度关注中国企业面临的现实问题，重视积极心理学视角下人的心理和谐的构建。要实现员工的心理和谐，就要通过发展个体的各种积极品质、积极属性或者积极心理状态，建立和完善企业员工积极健康的人格，增强其对待工作与生活的主观幸福感。最终，通过促进组织成员自我心理和谐的实现，使得企业的管理制度与流程更加科学、规范和完善，企业组织的内部秩序更加良好，从而实现社会主义和谐企业的战略目标。

## 第二节 企业员工自我和谐的内容

员工的自我和谐直接关系到企业组织的人力资源开发与管理工作。企业中员工之间的联系广泛而且紧密，形成一个网络，其中每一个成员的心理状态与过程发生变化，都可能会影响到其他人。现阶段，企业组织工作任务的性质越来越繁琐和复杂，人际关系状况常常处于不良的状态，员工的工作节奏也越来越快，相应地，组织成员的工作压力也越来越大，很多员工常常会出现浮躁、焦虑、抑郁、挫败等心理障碍或问题，并在组织中出现多种人际矛盾现象，如钩心斗角、相互排挤、相互嫉妒、相互猜疑等，这些都会给员工本人带来许多心理健康问题，从而导致企业人力资源开发与管理工作的不稳定，也会给企业的发展带来长期负面的影响。然而，如果员工的心理处于一种自我和谐的状态，就可以确保成员之间进行有效的交流和沟通，实现良性的互动，最终增强组织内部个体之间的密切联系与亲和力，有效地消除组织内耗，保证企业目标的实现。因此，企业组织必须高度重视员工心理的自我和谐状态。

在竞争日益加剧、物质生活更加丰富的今天，人们似乎越来越多地出现了消极心理，员工压力与焦虑感增强，工作积极性与忠诚度下降。如何有效促进员工的工作积极性，开发员工的工作潜能，实现员工的自我和谐，提升员工的工作绩效，并让企业成员的信念更加积极正面一直是企业领导者最为关心，也是最为头疼的问题。

一、积极情绪

积极情绪也可以称为正性情绪或具有正效价的情绪，是指个体由于体内外刺激、事件满足个体需要而产生的伴有愉悦感受的情绪，目前的研究主要涉及快乐（joy，happy）、满意（contentment）、兴趣（interest）、自豪（pride）、感激（gratitude）和爱（love）等六大积极情绪。员工的积极情绪不仅能够唤醒和激活员工的动机水平，而且还能有效促进企业效能，是企业管理中不容忽视的问题。首先，在员工层面上，积极情绪能够有效调节员工的心态，提高其应对压力的能力，改善人际关系，拓宽员工的认知范围，提高认知灵活性，使其更富创造性和效率；其次，在企业层面，积极情绪具有感染性和传递性，有助于营造积极良性的企业氛围，激励组织中员工的工作绩效，提高组织的效能；最后，在领导者层面上，企业领导者的积极情绪尤其具有感染性，领导者的积极情绪能够有效感染其下属，并能预期企业的工作绩效。[1]

一般而言，积极情绪具有两大核心功能：一是瞬时的拓展功能，可以拓展员工个体即时的思维——行动范畴。积极情绪通过促使员工个体积极地思考诸多行动的可能性的过程，从而拓展个体的注意、认知、行动的范围；二是长期的建构功能，可建构个体长久的身体、智力、心理和社会资源。在拓展功能的基础上，积极情绪还能给员工个体带来间接的、长远的收益，建构持久的个人资源。积极情绪通过这两大功能促使个体产生螺旋式上升并增进个体幸福，促进个体自我和谐。[2]

---

[1] 郭小艳，王振宏：《积极情绪的概念、功能与意义》，《心理科学进展》，2007年第5期。

[2] 高正亮，童辉杰：《积极情绪的作用：拓展-建构理论》，《中国健康心理学杂志》，2010年第2期。

## 二、自我效能感

自我效能感（self-efficacy）的概念源自班杜拉（Bandura）的社会学习理论。根据社会学习理论的基本观点，通常一般意义上来讲，当人们处于或面临一种对自己很不利的困境和问题之中的时候，很多人经常会表现出心理上很害怕，并试图逃避或摆脱他们自己所认为的、难以应对的各种不利情境和问题。所谓自我效能感，是指对个体来说，在处于或者面临这类不利情境或问题时，会表现出非常果断的判断和行为，进而有效地完成某项工作与任务，以及战胜困境和问题能力的一种自我判断的信念，有时也被称为信心。一把而言，人的自我效能感或者信心的强度，决定了他们所做的选择、抱负、付出多大努力在特定任务与工作上，以及在面对困难与挫折时能够坚持多久的时间。

根据班杜拉的相关研究，自我效能感是一个人最重要和最深入的内在积极心理状态和机制。因为，对于个体来说，在工作、生活等领域，无论其他因素是如何对其实施激励的，然而，产生预期结果的动力才是最积极的力量源泉。基于此，除非一个人相信他能获得想要的结果，否则的话，他就很难产生努力达到目标的激发动机。简单地说，只有一个人坚信自己能够实现目标，他才会产生个人效能、能力和信念水平的良好期望，进而才会导致一个人产生积极的目标选择、激发努力动机、保持一定的毅力与坚强的意志、克服压力等心理反应。这些心理反应最终决定了他所追求目标的有效实现和达到。那么，进一步来讲，如何提高一个人的自我效能感水平呢？根据班杜拉的有关研究，可以采用行为人过去的成就与表现、他人的经验、自我或他人的言语说服、自我生理和心理唤醒等方法[1]。自我效能感在操作化方面主要包括：在执行特定工作上的能力期望程度、面对某项问题时信心的强弱程度，以及将某一领域的知识和技能概化到其他领域的程度三个方面。

一般来说，自我效能感相对较高的人，能够更加集中自己的行为注意力，并且在遇上和面临困难与挫折时，会更加激发出自己去实现目标的愿望和动机，无论出现什么情况，都要坚定地完成任务或进行生活，坚忍不拔，百折不挠，有积极的自我认知或概念，不屈服于工作压力和职业倦怠，相应地，这类员工的自我和谐水平也比较高。[2]

---

[1] 李伟：《组织行为学》，武汉大学出版社，2012年版，第14页。
[2] 李伟：《组织行为学》，武汉大学出版社，2012年版，第14页。

## 三、希望

希望（hope）这个概念来源于斯奈德（Snyder）的相关研究理论。所谓希望，是指一个人对于其目标能够有效获得实现的所有知觉或感知。斯奈德的"希望理论"集中包括路径（pathways）和意志力（agency）两个部分的基本内容。其中，路径体现的是个体为实现自己所确定的目标而采用的各种方法、途径或手段；意志力则反映的是一个人，为了促成目标的有效实现和完成，在心中所坚持的各种动机或信念。从路径而言，高希望者通常能够发现或找到多种达成目标的方法或途径；而从意志力来看，高希望者在心中常常具有更多的实现目标的心理能量，这些心理能量可以促进他不断地勇往直前，直到目标的完成。从这个方面来说，当个体遭遇或者面临一系列挫折与困境时，高希望者往往能够通过坚定的信念保有有效解决问题的决心，从而使其具备实现目标的勇气及信念。

一般而言，高希望者拥有积极的认知结构和意识，因而具有较为主动的自我调适目标与环境的能力。在面对困难情境时，高希望者会把注意力集中在如何获得成功方面，而非过多地关注或沉溺于失败之中，因此会主动地寻找处理与解决问题的可替代方法或手段，这样就提高了实现目标的可能性，所以高希望者更加容易达成自己的目标。相反，低希望者在面对困难情境时，则不会有这样的表现。[1] 实践研究发现，在工作压力较强的一些行业、职业或工作岗位中，高希望者的工作效果较好，因而不易出现人格解体、个人成就感降低等工作倦怠问题，相应地，这类员工的心理更加和谐。[2]

## 四、乐观

根据斯奈德的相关理论研究，乐观（optimistic）是指一个人对未来所持有的一种积极的因果归因或者结果预期。乐观依赖于希望理论中类似于意志力（agency-like）的预期来达成和实现目标，但是，相比希望这个概念，其路径的因素却很不明显。乐观由于归因的暂时性和特异性的特点，大多数学者常常把乐观看作为一种状态，因此乐观是可以开发和完全测量的。现代研究表明，一个人的乐观水平与员工的工作幸福感、绩效和健康具有显著的相关关系。有关研究也显示，对于运动员、销售、广告、公共关系、产品规划

---

[1] 李伟：《组织行为学》，武汉大学出版社，2012年版，第15页。
[2] 李伟：《组织行为学》，武汉大学出版社，2012年版，第15页。

与设计、顾客售后服务，以及在健康和社会服务领域的某些工作者来说，个体能够保持乐观的状态会有非常重要的价值。大量的研究发现，乐观的管理者和员工的绩效、满意度和留职率较高，压力较少，因此，这类员工在企业中更加自我和谐。①

### 五、主观幸福感

主观幸福感（subjective well-being，SWB）是指个体根据其自定的目标和标准，对自身工作与生活状况所持有的一种主观上的认知和评价。从这个角度而言，那些在一个人身上实际发生的事情、情况与问题，对其主观幸福感的影响倒不是最重要的，而如何在情绪、生活目标及情感上去解释并认知这些事情、情况与问题才是真正意义上的关键。大量的实证研究发现，员工的主观幸福感对于自身的自我和谐具有重要的影响作用。关于这个方面，后文有专题论述。

### 六、情商

情绪智力又称情绪能力（emotional literacy）或情商，沙洛维（Salovey）和梅耶（Mayer）于1990年首次将情绪智力看做是社会智力的一部分，具体是指个体认识、控制和调整自己的情绪，以及客观、合理和准确地识别他人的情绪，进而用以指导自身行动的一种社会能力。正式确立"情商"（EQ）重要价值和地位的是丹尼尔·戈尔曼（Daniel Coleman），在他看来，情绪智力体现的是个体管理情绪刺激和进行情绪管理的一种有效能力。在此基础上，情绪智力可以妥善地处理企业组织中员工与员工之间人际关系的分歧、冲突和矛盾。根据戈尔曼的情绪智力理论，其主要包括五种基本能力：自我情绪知觉、自我情绪调节、自我激励、移情和社会技巧。②

情绪智力的开发与应用前景非常广阔。戈尔曼强调学习和增长的感情成熟度，在一个人情商的发展过程中起着非常重要的作用。一般来说，高情商往往可以帮助一个人认知、识别和管理其他人的情绪，发生争议或有分歧时能妥善处理，进而实现工作目标，相应地，这类员工的心理更加和谐。

---

① 李伟：《组织行为学》，武汉大学出版社，2012年版，第15页。
② 李伟：《组织行为学》，武汉大学出版社，2012年版，第16页。

## 七、复原力

复原力（resiliency）又称韧性，是指个体所具有的从逆境、不确定、困难、挫折与失败中，以及从无法逃避和拒绝的组织变革中，迅速恢复到以前心理状态的一种能力。这种能力体现的是个体在面对种种困难和情境时，依然能够一如既往地坚持下去，不仅不会被挫折、困难和失败击垮，而且还可以在挫折、困难和失败中茁壮成长。更加难能可贵的是，在个体复原的过程中，他常常能够发现并找到自己生命的意义和价值。根据相关研究，复原力一般包含抗拒逆境的能力与正向建构未来的能力两个部分。复原力的三个认识因素是：对事实的忍耐力；坚定的信念；具有随时准备和适应重大改变的能力。①

现代企业实践表明，复原力可以被看做是一种"人类的财富"，因为其在企业发展中具有重要的价值，企业员工复原力的强弱比教育、经验、培训更能决定他的成败。由此可见，复原力对于企业员工自我和谐的重要性。

## 八、心流

心流即流畅感，是积极心理学的一个重要研究领域，流畅理论由美国心理学家 Csikszentmihalyi（1975）首次提出。流畅感是指当人们从事一项任务难度与技能相当的工作和活动时，对工作和活动完全入迷、全身心地投入，注意力高度集中，工作和活动顺畅、高效，得心应手，达到一种工作活动与意识有效地融合、忘却时间和自我的境界的一种心理体验。在流畅状态中，人们表现出"有明确的活动目标、工作活动与意识融合、注意力高度集中、自我暂时性消失、时间感扭曲、有高度的控制感、精确的回馈、发自内心参与活动"的特征。② 心流可以增强人们的幸福感，激发工作、学习的动机，进而提高工作活动的效率。由此可见，心流对于企业员工自我和谐的重要性。

现有关于心流的研究主要集中在竞技体育运动员身上，但也有部分学者开始关注组织员工的流畅体验。研究发现，心流体验随着工作性质、工作氛围、员工性别等因素的不同而有所差异。例如，在工作性质方面，Mihaly

---

① 李伟：《组织行为学》，武汉大学出版社，2012年版，第17页。
② 曹新美，刘翔平，蒋曦宁等：《积极心理学中流畅感理论评介》，《赣南师范学院学报》，2007年第4期。

Csikszentmihalyi 及 Judith LeFevre（1989）的研究表明，与无责任的活动相比，员工在有责任的活动中更多地产生心流体验，且管理者、白领、蓝领三种人群在不同的活动中出现心流体验有不同的倾向。[①] 虽然心流体验存在很大的特异性，但也并非不可干预，在工作中，我们可以做到人职匹配，提升员工的胜任感和成就感，促进自我价值的实现，从而增加心流体验的频率。

## 第三节　员工自我和谐的价值和实现措施

### 一、员工自我和谐的价值

员工自我和谐就是在员工基本心理过程和内容彼此之间，保持一种协调一致和相互适应的动态均衡状态，能够实现与外界环境进行有效的沟通，从而可以减少或杜绝个体内部或外部的分歧、冲突和矛盾。自我和谐的员工在心理体验上，常常是愉悦或正面积极的，因而即使有心理矛盾、冲突等不和谐的时候，也能够把这样的不和谐因素，控制在尽可能短的时间和尽可能小的范围。所以，他们总是抱有一种积极向上、健康的人生态度和生存状态。在这种状态下，员工的社会关系处理和谐、适应性良好，自身的各种潜能能够得到充分的发挥和运用。相应地，自我和谐的员工能够更加真实、客观地看待自我的内心世界，能够愉快地接纳自我或面对现实，而且能够充分地接受生活中的各种挑战。

当今社会，随着社会经济的快速发展，不可避免地带来地区贫富差距、思想观念冲突等各种社会问题，社会表现出越来越严重、越来越普遍的精神危机。其中，社会弱势群体中的心理或精神危机尤为严重。例如，关于上班族心理健康问题，据中国人力资源开发网启动的"2008年中国员工心理健康"调查发现：（1）25.04%的被调查者存在一定程度的心理健康问题，22.81%的被调查者存在比较严重的心理问题，2.24%的被调查者存在着严重的心理问题；（2）女性有心理健康问题的人数比例明显高于男性，前者为27.45%，后者为22.08%；（3）低学历人群心理不健康人数比例高出高学历人群一倍多，在高中以下、大专学历、大学本科和研究生四类人群中，有心理健康问题者分别为39.20%、6.40%、22.50%和17.00%。学历越

---

[①] 徐晓燕：《流畅体验研究综述》，《中国西部科技（学术）》，2007年第10期。

低，出现心理健康问题的人数比例越高。① 许多调查显示，员工的心理健康状况不容乐观。因此，当前要关注员工的心理健康，并采取有效措施，促进个人的心理和谐，创建和谐的社会大环境。

员工自我和谐主要包括员工心理过程的和谐、人格和谐以及主观幸福感等要素。其中，心理过程的和谐是指员工在认知、情绪和意志等心理活动过程中，各种内部心理成分（认知、情感、意志等）的协调统一。在构建社会主义和谐企业的过程中，必须注重和重视员工心理过程协调统一的重要影响作用。因此，必须高度重视员工心理上的差异，可能给企业和谐发展带来的重要影响。

一方面，要尊重员工的人格心理差异，因为良好的个性心理特征有利于促进企业组织的和谐发展。在一个企业组织中，员工之间常常在人格个性方面存在一定的差异，这种不同与差异可以给企业组织的发展带来一定程度的生机与活力，从而转变为组织创新的源泉。企业实践表明，一个好的和成功的企业组织，应该能够有效地容纳具有各式各样、不同人格类型的员工。所以，企业在持续的发展过程中，应该鼓励和支持每个员工保持自己独特的个性与意识，提倡有益的冲突和创造性的思维，这样就会促进企业组织保持旺盛的活力。另一方面，员工的不良人格心理特征常常会对企业组织的和谐发展带来巨大的负面影响。在实践中，那些所谓的"问题人"群体，常常表现出工作兴趣低、求知欲望差、意志不坚强、内心自卑等不和谐的心理特征或状态。严重的时候，他们甚至会表现出反社会的人格以及社会适应性障碍，具有疑心重、自制力差、缺乏对社会环境的归属感等问题人格心理特点。比如，震惊社会的马加爵事件，等等。因此，一定要注意加强对员工个性心理的重视、关注和引导，因为只有每个组织成员都有完整、健全的人格，才能处理好个人与组织、个人与个人之间的关系，也才能最终实现整个社会主义企业的和谐发展。

## 二、当前社会转型期企业员工自我不和谐的表现及后果

### （一）企业员工自我不和谐的主要表现

当前，我国社会总体上是和谐的。但是，同时也存在着这样或那样的一

---

① 康伟：《和谐社会视域中的心理和谐建构》，《贵州社会主义学院学报》，2011年第4期。

些问题和一些不和谐的现象。这些所谓社会的不和谐现象反映到人的心理过程当中，就会在个体的心理中产生一系列不和谐的心理认知和察觉。如果人们的心理存在大量的不和谐现象，一个人就会走向心理失衡。目前中国正处于关键的社会转型期，人的心理失衡主要表现在以下几个方面。

1. 相对剥夺感和社会不公正感

改革开放以来，我国社会经济得到了飞速的发展。但是，改革也触动了很多人的既得利益，使他们形成了强烈的心理落差，进而产生了一种个人利益相对剥夺感①。另外，由于其他多方面的原因，比如，既有人们工作贡献大小程度不同的原因，也有行业垄断等方面的因素，致使社会中人与人之间的经济收入差距日益扩大。一部分人开始在经济利益分配上表现出不满意，感受到社会的分配明显不够公正，从而在心理中产生了社会不公正感。除此之外，在当前中国社会，一些通过歪风邪气追求经济利益的现象，更是无孔不入地渗透到社会政治、经济生活的各个领域，这些负面的事例和现象加剧了人们内心中的社会不公正感。

根据亚当斯的公平理论，人们总是通过将自己的所得和付出与他人进行比较来判断是不是公平的，也就是说有无公平感不仅仅取决于绝对值的大小而且要考虑相对值。目前，中国广泛存在的相对剥夺感和社会不公平感，发展到严重的程度，可能会诱发和导致仇富、对抗和报复社会等不正常社会心理和行为倾向，这些对社会主义和谐企业的构建会构成极大的危害。

2. 安全感的缺失

根据马斯洛的需要层次论，安全需要是一个人仅次于生理需要的第二层次的需要类型。安全需要通常包括对社会稳定、个人安全、法律遵循和秩序良好的需要，以及对免受个人折磨和惊吓的需要等。这种安全既包括外界环境的安全，也包括个体内在心理环境的安全。中国正处于社会转型期，以往计划经济体制下稳定的经济收入和职业保障等，一下子发生翻天覆地的剧烈变化，一部分人开始对未来产生担忧与恐惧，逐渐缺乏对未来的安全预期，进而也使大家觉得丧失了安全感。一方面，就社会环境而言，近年来食品安全事件的频频爆发，总是影响着人们的认知与思维，让很多人对食品安全问题产生了担忧和心理恐惧；而社会中制假、售假更是屡禁不止，人们对假冒

---

① 相对剥夺感是指个体通过与周围其他人，或以前的自我情况进行比较以后，发现自己应该得到的权益或满足的需求，受到了不公正对待或者被剥夺时，在心理上所产生的一种不平衡的感知。

伪劣产品感到防不胜防，不安全感增强；一些地方的社会治安情况很糟糕，也让人们越来越担心自己的人身和财产安全问题；等等。另一方面，就自然环境而言，近些年来大量出现的冰雪灾害、地震洪灾等，也在很大程度上强化了人们的不安全感。此外，各地区频频出现的禽流感、甲型流感、交通事故等突发事件，使得人们对安全问题的担心和焦虑达到了极致。

3. 幸福感与归属感的缺失

"幸福经济学"提出了著名的幸福悖论：经济越是高速发展，人民的物质生活水平越是得到了极大的提高，人民获得心理上的满足感和幸福感就越少——很多人一边在享受物质所带来的安逸和舒适时，一边却并不感到心理上有幸福感。[①]

另外，社会成员流动的范围逐渐扩大、频率逐渐加快，以及生活环境所带来的急剧变化，常常会使人们感到理想与现实的巨大反差，由于相互之间都已不再熟悉，越来越陌生，这会使人们觉得归属感越来越少，在极端的情况下则会产生无助感和孤独感等。在一些发展较快的城市中间，生活着被高就业门槛挡在外面，以及被高生活成本边缘化的社会人群，他们往往被整个社会所隔离。

4. 价值迷失与心灵空虚

自改革开放以来，随着国外不同思想文化的不断引入，与国内文化发生了激烈的碰撞，在我国很多企业成员的思想观念、思维方式等方面，开始大量出现价值观多元化的现象和发展趋势。各种价值观之间相互依存、相互冲突，在带来社会发展与显著进步的同时，也对大家的观念和认知产生了很大的冲击，从而使人们对主流的价值取向判断产生了迷茫和困惑，一些人在多种多样的价值尺度中感到无所适从而迷失了自我，心灵上也感到极度的空虚。另外，伴随着西方价值观念的日益渗透和利益驱动，利己、拜金和享乐主义日渐泛滥，引起以钱和以物为本等腐朽价值观念沉渣泛起。一部分人为了追求金钱和权力，甚者人性扭曲、公德丧尽、见利忘义。所有这些消极不良的社会现象，与人们价值观的迷失和心灵的空虚存在关系。

**（二）企业员工自我不和谐的主要后果**

当前的心理失衡现象主要反映了中国目前社会及企业存在的现实问题，

---

[①] 康伟：《和谐社会视域中的心理和谐建构》，《贵州社会主义学院学报》，2011年第4期。

对不同类型人群在心理上的深刻影响。现阶段,中国社会运行机制很不健全,社会经济发展具有一定的滞后性,公共资源以及经济收入在城乡和地区分配差距过大,积累了一些矛盾,这对人们的心理造成一种伤害。而从个人的个性倾向性特征来看,个体的价值观不同,对同样的客观事物就会产生完全不同的态度。比如,员工个体的主观幸福感就是如此,很多时候大家在主观上的价值判断有偏差,因而在同样的生存环境和状态下,有的人可能感到很幸福,而有的人却会产生相反的心理感受。根据现代心理学的有关研究,即使在面对负面的、甚至比较糟糕的客观现实,个体常常因为不同的认知结构和模式,也会产生不同的心理感受与反应,相应地,会表现出不同的行为。

上述的不和谐心理,产生于社会存在,同时又会通过非理性的行为反作用于社会存在,进而危害社会和企业的稳定和谐。根据美国社会心理学家多拉德的挫折—攻击理论,当人们在遭遇挫折以后,容易产生攻击行为。这里所说的挫折是指一个人在实现某个目标而遭受干扰或破坏的时候,致使需求无法得到满足时的一种情绪状态。① 这种心理挫折是心理上不和谐的表现,是诱发攻击行为的重要原因。一般而言,由这种心理挫折所诱发的攻击行为,可以分为直接攻击和转向攻击。直接攻击是指受挫者通过辱骂、殴打对方等方式,把攻击的矛头直接指向引发挫折的对象。转向攻击是指受挫者由于一些原因,不把攻击的矛头直接指向引发挫折的对象,而是把愤怒等负面情绪直接发泄与挫折不相干的对象,如迁怒于人、找替罪羊等,有时候,也可能转为攻击自己,如自残或自杀。

### 三、企业员工自我和谐的实现措施

构建和谐企业的战略目标是在我国当前社会经济迅猛发展,社会结构、经济体制、利益格局和思想观念发生深刻变化的背景下提出来的。当前,我们在构建和谐企业的总体目标下,可从政府、企业和员工三个方面来实现员工的自我和谐。

#### (一) 政府方面

1. 规范收入分配秩序,奠定社会心理和谐的经济基础

---

① 郑莉君,黄海涵,贾文斌:《当代社会和谐思想的核心——自我和谐研究综述》,《宁波大学学报(教育科学版)》,2010年第6期。

贫穷不是社会主义，两极分化也不是社会主义。经过三十几年来的改革开放和经济发展，我国人民群众的生活水平普遍得到了提高。但是，人们的收入差距也在不断地扩大。一般来说，适当的、合理的收入差距，是可以调动社会成员的工作投入和工作积极性的，有利于激发企业员工发挥和运用个人潜能；相反，不适当与不合理的收入分配差距，则会使人们的相对剥夺感和社会不公平感日益膨胀。因此，构建社会主义和谐企业，促进人们的自我心理和谐，必须强化规范收入分配制度和秩序，防止员工个人收入出现高低过于悬殊的现象。为此，必须确保调节过高收入、整顿不合理收入、取缔非法收入。另外，在条件允许的情况下，要开征有利于调节收入分配的新税种，防止造成两极分化，并使收入差距更趋向合理。只有这样，才能通过奠定社会心理和谐的经济基础，促进企业员工的自我和谐。

2. 发展社会主义民主政治，巩固社会心理和谐的政治基础

发展社会主义民主政治，既是建设社会主义和谐社会与企业的根本制度保障，在一定程度上，也是实现社会成员或企业员工自我和谐的必要条件。改革开放以来，我国的民主政治制度建设取得了比较大的成功，人民的基本权利与义务得到了有效保障。然而，在一些传统的组织领域和部门当中，部分普通成员的话语权仍存在缺失的现象。因此，从这个角度而言，促进企业员工的自我心理和谐，构建社会主义和谐企业，必须高度建设与发展社会主义民主政治制度。具体而言，要在人民代表大会代表的构成和结构上，增加普通组织成员，让老百姓的意愿与话语得以顺畅表达；要扩大基层员工在管理岗位上的比例与范围，增强普通组织成员的话语权；要健全组织员工利益诉求的表达机制，畅通各类群众利益诉求表达渠道，使广大普通成员在工作和生活中长期积累的心理压力，能够得到一定程度的释放；要在企业内部不断完善员工代表大会制度，健全、完善工会组织制度建设，从而保障企业成员的知情权、参与权和监督权。

3. 推进社会主义核心价值体系大众化，构筑心理和谐的文化基础

一般说来，社会成员是否能够形成自我心理和谐，社会文化以及价值观念方面的原因，作为影响因素是非常重要的。有时候，社会或组织文化的落后与陈旧，以及在价值观上的混乱、矛盾与冲突，可能会表现得更加深层次一些，对人们的自我心理和谐也会造成很大的负面和消极影响。现阶段，我国正处于社会以及文化的转型期，多种类型或者多元化的价值观念常常同时并存，导致人们在价值观的选择和明确上，常常感到很困惑和迷茫，进而造成心理上的不和谐。因此，为了引导价值迷茫与困惑的社会成员，在心理方

面实现自我和谐,就必须大力发展社会主义先进的主流社会文化,积极推进与社会主义和谐企业建设相符、匹配和适应的企业组织文化。从这个方面而言,大力推进社会主义核心价值体系大众化,既反映了集体的共同性,又尊重了成员与成员之间的差异性,从而成为被社会大众所共同遵守的社会价值观和行为准则,进而成为构筑心理和谐的文化基础,最终实现人们在心理上的自我和谐。

4. 大力改善民生,促进社会建设,夯实心理和谐的社会基础

目前,民生问题已经成为影响人们幸福感和心理和谐的重要因素。比如,食品药品安全、社会治安、医疗保障、就业住房和子女教育等问题,深深地影响着社会大众的工作与生活。因此,要有效实现社会或组织成员的心理和谐,就必须采取措施,积极地改善民生状况,促进社会建设,夯实人们心理和谐的社会基础。为了达到上述目的,政府管理部门必须高度重视社会安全与稳定工作,健全各类社会矛盾纠纷的处理体系和机制:一方面,通过不断加强民生管理和监督机制、积极推进食品和药品的放心工程建设,确保大家的生命安全和健康;另一方面,通过加大就业、住房、教育、医疗和社保等方面的工作投入力度,积极关注社会弱势和困难群体成员的工作和生活,切实有效地解决广大社会大众正常生存和发展的后顾之忧。

**(二) 企业方面**

1. 积极鼓励和支持企业全员参与社会心理教育

"社会心理教育是指社会制度、社会风气、群体规范、群体舆论等对人的心理素质的影响"①。在多数情况下,其泛指影响或培养一个人心理素质的所有教育和培训活动。目前企业越来越重视组织成员的社会心理教育问题,大量的管理模式在积极研究和探索组织成员心理教育的方法,以促进企业员工心理状况向着积极、和谐、健康的方向不断发展。因此,企业管理部门加大对成员心理教育的经济和时间投入,积极投入员工的心理健康教育并提供大力支持。在推进广泛的社会心理教育的同时,要注重积极开展心理素质教育。具体而言,要根据不同员工的特点和心理实际需要,传授相关的心理常识和保健知识;要把心理知识与具体事例充分结合在一起,提升教育效果;要运用有关心理学方面的知识,解决员工的心理障碍和问题;要通过企

---

① 李永鑫,赵娜:《由冲突走向平衡:工作——家庭关系研究的新趋向》,《河南大学学报(社会科学版)》,2009年第1期。

业的实践活动,帮助企业员工提高人际交往的技能和技巧,增强人际互动中的社会适应性。

2. 净化企业环境和完善社会心理卫生服务功能

企业有关部门要大力改善企业风气,要下大力气整治企业环境,建立企业员工活动中心,组织员工参加各种丰富多彩、生动有趣、有益身心健康的集体活动,以充实广大企业员工的业余生活。同时,要建立和健全社区企业心理卫生服务机构,对员工进行个性化的心理辅导,满足员工的实际个人需求,改善和提高社会组织成员的心理健康水平。

3. 关注员工需求,关心员工生活

要积极提高员工的薪酬福利待遇,提高程度一定要大于国家、地区的物价上涨水平。因为所有的社会个体都关注自己的物质待遇,有时候还把自身所获得的物质待遇与以前的自己、与他人进行比较,以寻求工资待遇分配的公平感。可以看出,报酬待遇因素对员工的心理和谐有非常大的影响。基于此,合理地改革与改进企业组织中的收入分配制度、政策,能积极有效地防止或减少员工心理失衡现象的出现。另外,员工的日常生活情况,往往也会对其心理和谐状况产生直接影响。所以,企业组织的管理者要从人文关怀的角度,坚持以人为本的基本原则,关心员工的生活状况。尤其是对于家庭生活有实际困难的成员,一定要采取有效的具体措施,进行直接的帮扶。通过这样的实际活动,就会使企业成员真正感受到企业大家庭的温暖,从而为实现员工的自我心理和谐营造一个良好的组织氛围。

(三)员工方面

1. 塑造自尊自信,乐观向上的积极人格

和谐企业的建设有赖于每一位企业成员的努力,而每一位员工的工作投入、努力程度在很大方面,依靠成员积极的人格。一般来说,自尊自信是积极进取、勇于开拓者必不可少的心理品质与特点。企业员工要客观地认识自己的实力与能力,要充分认识到自己的价值,看到自己的优势,要对自己充满信心,表现出较高的自我效能感;要塑造乐观进取、对未来充满希望的良好心态,在面对各种社会问题时,能坚持正确的认知,面对矛盾与冲突有合理与积极的情绪表达,面对困难与挫折表现出坚持与乐观,展示坚强的意志。只要组织成员具有了积极健康的人格,就会对自己的心理体验和行为方式有意识地施加一定的积极影响,才会实现自身的自我心理和谐。

2. 积极主动地参加各项组织中的集体活动,提高人际交往程度在建设和谐企业过程中，员工与员工之间的和谐表现为：在思想观念上对自己和他人有客观、准确的认知，充分接纳自己和他人；在心理上与其他员工和组织成员之间，能够相互理解与相互尊重，并且把自我肯定与尊重其他企业成员充分结合起来，在很大程度上广泛地建立起彼此感恩、宽容和相互谅解的心理氛围。这些都需要个体具备完善的自我和谐，运用一定的交往技巧，乐于和主动地进行员工之间的交往，促进企业成员之间的相互认同与接纳，完善员工个人的人格与个性，实现满足组织成员的自我心理和谐。

3. 员工采取措施提升自我主观幸福感

现代积极心理学表明，心理和谐的个体更多地会在愉快情绪方面产生主观的体验，而主观幸福感本质上就是一种连续的积极情绪感受与体验。在企业中，每一位员工都应该采用积极的归因与认知，采取积极的行动来提高自我幸福感。为此，组织成员们要珍惜现在的幸福生活，在面对各种复杂的工作与生活矛盾时，应该更加客观理性地看待。对待这些负性或消极的事情时，能对自我心理进行恰当的控制与平衡，尽可能地保持一种较为平常的心态，并根据自己对理想人生目标的追求，能动地改变自己的现实状况，积极主动地调适自己的心理状态，从而提高自身的主观幸福感。

## 四、在促进员工自我和谐中职业道德修养的作用

员工是企业的重要组成部分，构建社会主义和谐企业，促进员工的自我和谐，要加强道德建设。在一个企业中，组织的职业道德修养规范与实践，对于促进员工的自我心理和谐，构建社会主义和谐企业，具有十分重要的意义和积极作用。

职业道德修养具体是指，企业或组织中的职业从业人员在工作的时候，经过自我锻炼或培养所形成的职业道德品质以及所能达到的职业道德境界，一般包括职业道德意识和职业道德行为两个方面。[1]

加强对企业员工的职业道德培养，是促进员工自我和谐的必然要求。一方面，企业员工的精神状态、职业道德水平，对企业生产力水平的提高起着至关重要的作用；另一方面，高尚的道德情感是互相沟通的，它可以使自己的服务对象感到心情舒畅愉快，进而在全企业营造良好的沟通与传递氛围，从而使企业组织成员的心理和谐水平有一个较大的提高。美国通用电气公司前总裁韦尔奇曾经说过，任何一家想要通过竞争取胜的公司都必须设法使每

---

[1] 贾薇：《加强企业员工道德建设》，《企业导报》，2010年第10期。

个员工敬业①。所以，员工敬业度高的企业组织，成员对公司的认可度就会比较高，相应地，就更加会发自内心地认同、恪守公司的价值观，认同公司的宗旨、使命和发展目标，也更加愿意积极地、全身心地投入自己的工作当中，进而在企业组织中发挥自己的才能和作用。通常意义上来讲，敬业度高的员工内心会更加自我和谐，也会有着更加强烈的事业心和责任感，会积极主动地为企业改革发展投入更多的时间和精力，从而不断推进企业的长期与可持续发展。另外，长期以来，一些企业的安全生产情况有时也很糟糕，比如煤炭行业的安全事故频发，就值得我们深思。这些企业员工是否遵纪守法、安全生产，管理者的职业道德安全意识是否强烈，是否有为企业组织和其他员工负责的精神，这些都在某种程度上成为影响员工内在自我心理和谐的因素。此外，当今社会，团队建设对于一个组织来讲是非常重要的。任何一个企业都不可能只靠一个人的成绩或业绩来获得发展，没有哪个成功的集体不需要团队成员的良好合作，团队本身就是一个成员结构清晰、相互协调一致、目标认同一致的集体或者整体。所以说，良好的合作氛围是高效团队运作的基础内容和条件，没有团队成员同心协力的良好合作，就根本谈不上团队目标的有效实现和完成，更谈不上团队成员自我和谐促进的可能。

综上所述，在促进企业员工自我心理和谐的构建过程中，员工的职业道德建设非常重要，可以被看做是一种有效的推动力。所以，作为企业员工，要从培养自己良好的职业道德意识和职业道德行为习惯着手，不断向优秀员工学习，从而提高自身的道德判断能力。除此之外，企业员工也要增强组织自律性观念，提高自己的文化素养，经常用职业道德的指标与标准来评价自己，不断改正缺点，不断获得进步。如此一来，当员工提高了自身的职业道德修养，那么他们的自我心理和谐程度也必然会得到不断提高，最终为中国社会主义和谐企业的构建发展，履行好自己应尽的职责和义务。

## 第四节 领导与员工的自我和谐

在群体和组织层面，积极的领导理论对企业员工的自我和谐发挥着核心的作用，下面将介绍四种新型的能够影响员工自我和谐的积极领导理论。

---

① 余直超：《企业管理中如何提升员工的职业道德》，《现代商业》，2011年第20期。

## 一、诚信领导

2003 年，Fred·Luthans 和 Bruce·Avolio 在道德学、积极心理学以及积极组织行为学的基础上，与新兴领导理论相结合，提出了诚信领导（authentic leadership，AL）这一概念。诚信领导是一种将领导者的个人阅历、积极心理状态、道德信念与支持性的组织氛围结合起来，有效发挥作用的过程（Luthans 等，2003）。在此基础上，企业组织中的诚信领导者（authentic leaders），则是那些能够深刻地认识到自己追求的信念与目标，并且对自己及下属的价值观、知识、技能、能力，以及优势或劣势，具有明确和清晰知觉的人。诚信领导者在大多数情况下，会思考自己的行动，他们自信、满怀希望、乐观，具有一定的复原力，最重要的是，他们往往拥有高尚的道德情操（Avolio 等，2004）。①

一般而言，诚信领导常常采用正面榜样作用、支持自我决定行为、认同过程、情绪感染和积极的社会交换等机制来影响下属的工作或任务绩效。当然，也有实证研究表明，诚信领导能显著预测下属的满意度、角色绩效、组织认同、同事间的利他行为（谢衡晓，2007）。

诚信领导是组织行为学领域一个新兴的领导学概念，目前的研究主要处于理论假说等起步阶段，实证应用研究极少。诚信领导理论是积极组织行为学在领导层面上的一大新发展，它的提出在已有组织管理研究的基础上增加一种积极定向的研究取向，突破了传统组织管理理论过于被动和悲观的人性假设，提倡一种以优势、积极性为导向的管理模式，向组织注入了一种高度重视积极心理能力的全新管理理念，为管理领域带来了一股新风。

## 二、授权领导

授权领导，又称授权式领导，指一个领导者通过向下属授权开展领导活动的一种艺术。授权领导过程并不意味着领导者会把一切权力和责任，都交给下级员工，在实践中，领导者会有所选择地进行适当的授权；此外，在授权的时候，领导者会科学、规范、合理地分解各项权力和责任，而且，授权后要采取行动积极引导和支持被授权者，可能的情况下，要对被授权者的工作情况进行监控。因此，授权领导本质上是领导者连续不断地向下级员工进

---

① 李锐，凌文辁，惠青山：《真诚领导理论与启示》，《经济管理》，2008 年第 5 期。

行分权的一种领导艺术过程。

授权理论依据关系路径和动机路径又可以分为结构授权模型和心理授权模型。心理授权是授权领导理论的新进展，它是提升组织效能与管理效能的关键，是结构授权与组织预期结果之间的中介变量。

Spreitzer（1995）提出了心理授权理论模型，认为个体的控制点、自尊、对组织信息的了解、奖励措施是影响心理授权的重要变量，这四大前因变量通过心理授权的四个维度，即工作意义、自我效能感、工作影响力、自主性，对组织的管理效率和组织创新性产生积极的正向影响。①

### 三、伦理—道德领导

尽管对伦理道德的讨论延续了数千年，但很少有专门针对领导道德的理论研究。西方对道德理论的研究，主要分为基于行为的理论研究和基于品格的理论研究这两类。基于行为的理论研究，主要强调领导行为的目的或者行为原则；基于品格的理论研究，主要强调领导者的品格，比如：诚实、勇气、忠诚和公正等。一些研究发现，尊重、服务、公正、诚实和公众意识是领导者道德原则中最重要的五个原则。②

在领导者道德研究中催生了伦理—道德领导。伦理—道德领导主要指领导者通过自身所坚持的道德原则对下属道德行为的一种影响，即领导者通过交流和传达道德价值观方面的原则信息，在领导过程中明确地表现出相关道德行为，借助于榜样作用和有关奖惩体系，激励和引导下属作出自己或组织所希望的道德反应与行为。伦理领导影响组织创新性组织伦理氛围和组织伦理价值观的形成，以及被领导者的积极态度观念与相关行为，伦理领导者的公平、诚信、原则、培养下属等将有效地影响下级员工的工作满意度、工作投入程度、工作动机、组织承诺、组织公民行为、道德决策和亲社会行为等。③

---

① 刘云，石金涛：《授权理论的研究逻辑——心理授权的概念发展》，《上海交通大学学报（哲学社会科学版）》，2010年第1期。
② ［美］Northouse·P.G：《卓越领导力：十种经典领导模式》，中国轻工业出版社，2003年版，第134-140页。
③ 莫申江，王重鸣：《国外伦理型领导研究前沿探析》，《外国经济与管理》，2010年第2期。

### 四、路径—目标领导

20世纪70年代,罗伯特·豪斯在期望理论(Expectancy Theory)的基础上,发展了一种新的权变理论,即路径—目标理论。该理论立足于领导者的目标和行为方法,认为领导者的主要任务就是考虑如何有效地发挥部下的积极作用,如何去积极影响自己的下级员工,为此,必须帮助下属设定合适的目标,努力把握目标的价值并通过一些办法去激励、支持和帮助下级员工实现已经设定的目标。通过有效实现目标,努力在行为过程中去提高下级员工的工作技能和能力,增强下属在工作过程以及目标实现中所获得的满足感。根据路径—目标理论,领导者的行为是否被下属所接受,主要取决于下级员工如何看待这种行为:是把这种领导行为看作是获得自身满足的力量源泉,还是看作自身未来获得满足的方法或者手段。根据一些学者的研究,领导者行为的激励作用主要表现在两个方面:它使下级员工的需要得到满足并与有效的任务绩效联系在一起;它给员工提供了有效的工作绩效所必需的辅导、指导、支持和奖励。

罗伯特·豪斯依据路径—目标领导理论,将领导行为划分为四类,即指导型领导、支持型领导、参与型领导和成就导向型领导。领导者通过选择最符合员工自身需求和工作情境需求的领导行为来帮助其下属沿着通向他们目标的道路前进。通过选择适当的风格,领导者增强了员工对成功和满意的期望值,领导者在工作环境中通过为员工提供信息或奖励来尽力促使他们达成目标。路径—目标理论就领导者风格如何与员工的需求和工作任务的本质相互作用提供了大量预测。它认为指导型领导行为对于模糊的任务有效力,支持型领导行为对重复性工作有效力,参与型领导行为对不明确的任务和有自主需求的员工有效力,而成就导向型领导行为对富有挑战性的工作有效力。[①]

## 第五节 和谐企业的员工幸福感

幸福是人生追求的目标,每个人都希望过上幸福的生活。根据国内外相

---

① [美]Northouse·P. G.:《卓越领导力:十种经典领导模式》,中国轻工业出版社,2003年版,第141-145页。

关研究，个体幸福感对个人的生活质量和人际关系及行为产生深刻影响，最终会影响社会是否和谐。2009年12月29日，由浦东企业文化联合会、员工俱乐部协会等主办的首届"幸福生产力"人文关怀优秀企业评选活动揭晓，当天，一份调查样本为2000多份的关于《员工幸福感和生产力调研报告》出炉，这是国内公布的第一份关注员工工作幸福感的调查报告。报告显示，有93.5%的员工认为自己在心情愉悦时，工作的效率会有所提高；另外，有超过80%的接受调查的企业，愿意主动帮助员工提升职业幸福感；尽管如此，仍有57.2%的企业没有提供有关员工个人人格解体、个人成就感降低等工作倦怠方面的专业培训，而且对员工因工作压力过大，导致的焦虑、抑郁等情绪障碍问题明显不够重视。① 该份报告同时也显示，员工对企业组织最不满意的因素是报酬待遇和组织沟通不畅。

综上所述，可以看出企业员工的工作幸福感程度或水平，已经成为构建社会主义和谐企业过程中，组织管理者和员工所共同关注的问题。

一、幸福感的结构及界定

在认知心理学中，幸福感通常被看作是一个主观的概念，主要涉及个体的主观认知活动。认知心理学所研究的幸福感范畴，就是个体对自身工作、生活以及环境主观幸福体验的一种感知，因此也被称为"主观幸福感"。根据这种观点，幸福感是个体根据自己的标准，对于自己目前是否幸福、有多么幸福的一种主观评价，以及由此所产生的一种情感状态。②

由此可见，主观幸福感强调的是一个组织成员的主观幸福体验。幸福感作为一种较为高级的社会性情感体验，对其评价状况及结果，最主要依赖于个体所预先设定的评价标准。也就是说，一个人是否幸福，只有他自己在与确定的标准比较以后，才会体验得更加真实明确而有价值，因此，幸福感具有很强的主观性。根据Ryff等学者的观点，一个人所认为的主观幸福感，其核心要素主要包括掌控环境、自主性、个人成长、自我接纳、生活目标感

---

① 杨咏春：《和谐企业员工的工作幸福感研究》，中国海洋大学硕士学位论文，2011年，第1-3页。

② 杨咏春：《和谐企业员工的工作幸福感研究》，中国海洋大学硕士学位论文，2011年，第5-6页。

以及与他人的积极良好关系六个方面①。

## 二、和谐企业员工幸福感的制度基础与形成机制

### (一) 共享价值制度

组织价值的创造和资产最大化是和谐企业目标实现的必然选择。因为组织价值的大量创造可以给企业带来更大的价值预期空间,而要想在价值预期空间内进行最合理的决策,唯一的选择标准就是资产的最大化。一个简单的常识,组织价值的形成往往来源于有关能力和资本要素,而和谐企业的长期发展则和这些能力与资本要素成本的提高有直接关系,尤其是组织核心员工能力的提高和人力资本要素的增加。对于一个员工而言,其能力或资本要素的变动,都将反映在其所在团队和群体内部成员之间的关系上,进而影响到其所在团队和群体、部门的绩效上,也最终会影响到整个企业组织的长期与和谐发展。因此,各企业组织所有者、管理者和普通员工之间,如果能够实现企业价值的共享,将有利于社会主义和谐企业的建设和构建。

员工作为和谐企业成员主观幸福感的客体,既具有作为人类个体的普遍自然属性,又具有作为企业组织人力资本所有者的特殊社会属性。作为普通人的一般自然属性,员工具有为自己创造更多的物质财富,并且不断繁衍后代的权利和责任;作为企业人力资本所有者具有的社会属性,反映出员工既是企业的主体所有者,又是企业生存和长期发展的核心能力要素,员工具有为自己创造更多的社会财富,并且不断追求幸福和追求心理和谐的权利。从这个角度而言,和谐企业管理的本质就是核心员工或者人力资本的价值管理。因此,对和谐企业员工进行激励的本质,就是要对员工进行价值激励。企业组织只有坚持以价值管理为核心,让每一位成员都成为一个创新价值的主体,并对其创造的价值进行相关的评估,给予相应的回报,建立共享企业价值制度,才能够实现员工能力和人力资本的最大化,并最终成为企业员工产生幸福感的制度基础。

### (二) 共享价值制度的幸福感生成功能

共享价值一般是指企业在一定时期内所获得的收入在扣除支付的一切成

---

① 杨咏春:《和谐企业员工的工作幸福感研究》,中国海洋大学硕士学位论文,2011年,第5-6页。

本费用以及税收之后的收益部分。共享价值制度是一种激励相容的制度。因为组织员工的物质财富和相关可以看到的价值部分，最终来源于企业的共享价值。事实上，企业员工的社会财富，以及通过员工的自我开发、企业组织的培训所带来的人力资本的提高，都和企业的共享价值有关。所以，作为企业的管理者必须通过努力，要把员工的劳动力转化为他的人力资本，这样就可以使员工的个人工作效用目标与整个企业的集体发展目标尽可能地一致，使最终提高企业组织的效益水平成为可能。共享价值制度客观上，使员工的个人业绩与整个企业的经济发展目标结合起来，从而使企业组织内部的"激励相容"在实践上更加具有可操作性。每个员工的人力资本投入的收益与企业的稳定发展和效益最大化有关，这就可以充分激发员工努力工作，为个人工作效用的最大化而做更加积极的工作投入。

在实践中，共享价值制度常常通过增加员工在企业中的收益权，从而激励企业员工努力工作。这种利益的增加，前提是企业收益必须有一定的提高。赋予组织成员对企业收益的共享权，在这种制度安排下，企业的收益分配与员工的收入来源可以紧密相连，从而提高员工对工作的满意度，增加企业员工的幸福感。所以，共享价值制度最终以其内在深层次的最大化效用功能，而成为企业组织员工主观幸福感形成的根本制度基础。

### （三）和谐企业员工幸福感的形成机制

#### 1. 全面薪酬

根据埃德·劳勒（1971）的薪酬理论，全面薪酬是指将员工的薪酬直接和企业的长期战略发展目标联系起来，以一个完整和系统的薪酬形式、结构以及水平，激励企业员工全身心地努力投入到自己的岗位工作当中，以实现企业发展战略的一种手段和方法。全面薪酬管理的根本精髓在于，组织通过提供相关具有激励特点的报酬，使企业和员工的价值取向获得同时兼顾，以平衡两者的利益关系，将员工工作满意度和企业绩效有机联系起来，进而增加了组织的竞争优势。[①] 根据企业组织共享价值制度的有关理论，全面薪酬的理论和实践价值主要体现为：可以为企业组织价值的不断增强，以及员工个人价值的有效提高实施分享与整合，以实现两者价值的互动、结合与平衡，最终创造出一个有效的全面激励和促进企业员工努力工作的路径

---

① 黄培伦，徐新辉：《全面薪酬的价值整合机制探析》，《经济与管理》，2007年第1期。

和方式。综上所述，全面薪酬的最终目标就在于，平衡企业和员工的价值和利益，吸引并保留企业优秀的核心员工，提高企业组织的整体绩效水平，提升员工的工作满意度和对组织的忠诚度，进而增强企业员工的工作幸福感。

2. 工作安全感

工作安全感是组织中成员，对其在企业中完成工作与任务时的安全状况的一种感觉和认知，它对员工的主观幸福感有着重要、直接的影响作用。实践中，工作前景和退休保障是工作安全感知的重要内容。其中，工作前景是评价员工是否能够继续在企业组织工作的可能性。通常来讲，当企业出现大规模人员缩减的时候，会让那些可能被解雇，甚至不会被解雇的员工产生焦虑。所以，一些较为深入的研究均表明，正处于企业组织规模不断减小和下降环境里的企业成员，对企业的组织忠诚度、组织承诺水平和工作投入度常常是下降的。因为失去工作的员工在心理上可能会产生被抛弃的感觉。反过来说，工作不安全感，就是当一个员工认为他的工作正在或者可能面临失业时的感觉，会对组织成员造成多种健康问题。所以说，在组织中通过一系列的制度构建来消除员工的不安全感，提高员工工作的安全感，在很大程度上就能增加员工的主观幸福感感知。

3. 组织归属感

现代企业的理论与实践研究发现，在提高组织生产效率的各种因素中，经济激励并不是最重要的，满足员工归属感的社会需要才是最重要的。因为一个人的工作动机往往主要出于社会需要，所以，只有充分体现出对组织成员的尊重与关心，并在各种管理制度上充分体现出来，如创造平等、安全的工作环境，提高员工的工作、生活质量等，员工才会对组织产生认同和忠诚度，进而才可能会为企业创造出更大的经济与社会价值。一般来说，企业员工的团队归属感，主要是指员工在工作期间，在感情上和心理上对组织团队所产生的归属感。现代组织理论表明，只有当个体的价值观和组织的价值观能够得到一定程度的统一以后，个人的理想抱负能与企业的发展目标相结合时，员工才会对组织、团队产生归属感，进而才会提高员工的幸福感。

4. 职业生涯管理

职业生涯管理是一个企业组织帮助其成员规划、设计和管理其职业生涯的一系列企业实践活动。在现代企业组织中，管理者必须清楚地了解员工所掌握的知识、技能、能力、兴趣、价值观等，便于对员工的职业生涯进行规划和管理。具体而言，企业组织必须负责对员工个人的工作情况，以及绩效反馈提供及时的帮助、沟通与面谈，并提供给员工感兴趣的有关组织工作、职业岗位和职业发展机会等信息，最后协助和帮助企业员工做好自我认知、自我评价、管理培训和职业发展等相关咨询工作。现代企业职业发展理论均表明，只有当个人的发展和成长目标与企业组织的战略目标有机地结合起来，员工的职业生涯管理才会更具操作性、意义和作用，也才会对提高组织成员的幸福感产生直接的影响。

5. 和谐心理契约

根据社会心理学家施恩提出的心理契约理论，心理契约是"个人将有所奉献与组织欲望有所获取之间，以及组织将针对个人期望收获而有所提供的一种配合"[①]。心理契约与经济契约完全不同，虽然它不是一种可以看到的正式合同，但是，它在很多方面却发挥着远远超过正式契约的影响作用。在现代企业人力资源理论与实践中，非常强调心理契约管理，是在充分尊重员工的个性独立与人格尊严的前提条件下，在广泛提高与增强广大企业组织成员对企业的凝聚力、向心力和归属感的基础上，所实行的一种个性化的员工管理方式。心理契约的本质，是通过关注和满足员工个人正式契约以外的各种需求，从一个员工的内心深处来激励他们的工作斗志、主动性和创新的精神与动力，进而促进员工在企业组织中的个人幸福感的最大化。

## 三、企业员工幸福感的提升路径

### （一）实施全面薪酬

全面薪酬又称为总括意义上的薪酬或者报酬，是广义的薪酬概念或范畴，其内容一般涉及员工的工资、福利和工作环境等。其中，工资是企业组织根据员工所付出的努力、能力、业绩或贡献程度，按一定周期提供的货币性收入，包括基本工资、奖励工资和股权收益等。一般来说，工资支付中的一定周期，在大多数情况下是按月支付。福利通常是企业组织给员工提供的各种服务计划与便利活动，其主要目的在于吸引和留住员工，进而间接地提高企业绩效管理水平。福利发放强调普遍性的原则，只要是企业的员工，只要拥有组织成员的身份，就可以享有有关福利待遇。为了提升员工的主观幸福感，企业必须为员工创造一个体面的、舒适的工作环境。例如：优秀和民

---

① 杨咏春：《和谐企业员工的工作幸福感研究》，中国海洋大学硕士学位论文，2011年，第23页。

主的管理者、具有亲和力的同事、舒适的办公室、免费停车位、令人羡慕的公司形象、良好的组织沟通渠道与氛围，比较高的公司社会地位等。只有这样，才能带给员工身体和内心的快乐和愉悦，才能让员工真正意义上感受到企业带给他的幸福。

一般来说，全面薪酬在设计、规划和实施的时候要体现价值整合的特点。具体而言，从企业组织价值的导向和从员工价值的导向来看，两者之间在表面上是相互抵触的，是很难实现兼容的。事实上，两者之间从最终价值目标实现的角度来说，有其内在的一致性，因此要积极实现企业价值与员工价值的有效整合。全面薪酬形成了组织和员工的共同价值，这种经过整合的共同价值，就为积极有效地改进企业绩效和与之相匹配员工的工作态度和行为的整合，提供了相关内在依据，从而形成一种基于共享企业发展成果的新型薪酬机制，最大化了组织发展和员工的个人效用水平，为提高员工的主观幸福感奠定了坚实的物质基础。

### (二) 消除工作不安全感

根据幸福感形成机制的理论研究，增强安全感是提高员工幸福感的重要方式。如何增强员工的安全感，简单说就是要消除员工在工作中的不安全感。

1. 企业员工工作不安全感产生的原因

要想消除员工的工作不安全感，必须首先找出企业员工产生工作不安全感的原因，主要包括以下几个方面：

第一，快速变化的经济形势和竞争激烈的环境，再加上企业不断地兼并、重组、破产现象的出现，给组织成员带来了持续不断的心理压力和长期负面的消极情绪，产生了工作不安全感。

第二，企业发展前景的不乐观、发展战略的不清晰和管理政策规定的不合理等，使员工在企业组织工作中的角色呈现出不稳定的状态，这势必对员工的工作任务完成产生了压力，进而带来了不安全感。

第三，企业不能给自己员工的职业发展提供明确的规划和帮助，导致员工对自己未来的职业发展目标感到困惑和不解，造成员工的工作不安全感。

第四，员工家庭对其现有工作认同度不高或者不给予支持，造成员工对自己工作的开展缺乏信心，产生了不安全感。

第五，员工对自己未来的职业和工作，以及相关发展资源缺乏控制，使得员工在工作中缺乏安全感。

2. 员工工作不安全感的干预措施

面对多变的组织、社会背景以及个人等多方面的因素,员工工作不安全感的产生,可能会影响员工的组织承诺与工作投入,影响到员工的工作绩效,进而可能阻碍企业组织的变革与发展。因此,企业有必要及时采取措施干预员工的工作不安全感,从而推动企业的可持续、稳定发展。一般来说,企业干预员工工作不安全感的措施主要包括以下几个方面。

(1) 改善组织环境。从改善企业员工工作的组织环境做起,要使正式的组织沟通渠道合理化与明晰化,制订出科学的战略规划、管理政策以及内外工作流程,保证组织政策与制度的执行力度。同时,在企业内部建立起诚信的人际环境,提高企业的信息沟通程度,从而增强企业员工的工作安全感。

(2) 扩大员工工作控制。在企业中,扩大员工对工作任务的自主程度和参与企业管理的程度,以提高员工个人的工作胜任力,提高组织成员完成工作任务的自信心,进而引导员工利用企业、个人及家庭等资源,有效适应企业组织环境,提高企业员工的工作安全感。

(3) 提供行动支持与信息服务。行动支持主要指企业为提升员工工作安全感所采取积极引导与行为支持的策略。企业要为员工的积极工作投入行动提供各方面支持,要提供相应的培训和积极的反馈与强化,使员工有再次获得成功的机会。信息服务是指企业通过各种手段使员工获得充分的信息,从而减少员工不安全感。企业组织为其成员提供各项社会市场分析和国家、地区经济政策等方面的信息,可以有效地帮助员工明确企业的发展战略和方向,减少制度和政策的模糊性,从而提升企业员工的工作安全感。

(4) 自我缓释。要通过积极的心理疏导,使员工在思想上明白出现挫折心理与紧张情绪的原因,进而帮助员工在工作中自我解压、减压与转移心境,在舒适的场合中缓释紧张情绪,进行相关的自我缓释,以应对挫折和压力所带来的心理不安全感。

(5) 推进员工帮助计划。员工帮助计划(EAP),是企业以一种制度化的建设,帮助员工解决感情、健康、理财等工作与生活中一系列可能带来压力的问题,进而使企业员工心情趋稳的有效措施。在实践中,它是由企业组织给其成员所设置的,通过专业工作人员对员工及其家属所提供的,专业化的帮助、指导和咨询等一整套系统的企业福利项目。员工帮助计划的主要目的在于,帮助解决员工及其家庭成员所面临的各种健康、感情、心理、理财等生活困惑或者问题,以提高企业成员的工作安全感。

### （三）增强员工的团队归属感

在企业中，员工之间通过一定的相互交往和沟通，可以消除大家在工作中的孤单和无助感，实现自尊和自我实现的需要，从而产生较为强烈的工作归属感。所以，对于企业员工而言，一个融洽的组织工作氛围就显得非常重要。团队归属感主要表现为员工之间感情的依恋和融入，但是如果没有现实的、稳定的物质待遇作为基础，就无从谈起员工的工作归属感。在组织实践中，良好的企业发展前景、适度的竞争机制与可融合的核心价值观，在一定程度上来讲，都是提高员工团队归属感的主要路径。另外，企业要关心、信任和尊重组织成员，为他们创造公平、融洽的工作环境，以积极的价值观念去引导成员努力工作，充分发挥广大员工的主人翁精神，使他们在集体环境中实现个人的职业价值，进而提高员工的工作幸福感。

### （四）实行职业生涯管理

企业组织要对其成员实施职业生涯管理，促进员工主观幸福感的提升。具体而言，包括以下几个方面的内容。

（1）职业生涯路径。

职业生涯路径是企业组织为员工的职业发展所设计的一整套方案。通常意义上来说，职业路径是在帮助员工了解自我的基础上，通过结合工作或职位的要求来进行设计和规划的。职业发展路径常常对组织成员的个人职业发展产生直接的影响，并使员工的职业发展目标和规划与企业的战略目标有机地结合，最终有利于满足组织获得长期和可持续发展的需要。职业路径设计为组织内部员工或成员，指明了可能的发展方向以及发展机会，有利于企业组织吸收并留住最优秀的员工，同时也能激发出员工的工作兴趣和工作投入度，最大限度地挖掘员工的个人工作潜能和能力。[1]

（2）职业生涯选择。

在职业生涯问题上，不同性向的员工往往会有不同的选择。比如，按照霍兰德的职业性向理论，一个人的职业性向通常可以分为六种。其中，具有实际性向的员工经常会选择去从事一些包含体力以及需要一定的技巧、力量和协调性才能承担的工作；具有研究性向的员工经常会选择去从事一些包含

---

[1] 杨咏春：《和谐企业员工的工作幸福感研究》，中国海洋大学硕士学位论文，2011年，第29-30页。

较多认知、思考和理解等方面活动的工作；具有社会性向的员工经常会从事一些包含大量人际交往、沟通和影响方面内容的工作；具有常规性向的员工经常会选择去从事一些包含大量结构性的，并且具有一定规律可循以及较为固定的工作；具有企业性向的员工常常会选择去从事一些包含大量以人际影响同事为目标的工作；具有艺术性向的员工则经常会选择去从事一些包含大量的艺术表现、艺术创造、职业想象、情感表达以及个性化职业方面活动的工作。

（3）职业工作与家庭平衡计划。

在现代企业人力资源管理制度体系中，工作与家庭平衡计划就是企业组织帮助员工客观认识工作与家庭之间的关系，积极调解工作和家庭之间的矛盾和冲突，进而缓和由于工作与家庭关系失衡，给员工造成压力的一整套规划或者制度。一般来说，家庭对员工本身的工作具有较大的影响，也会通过一个人家庭生活幸福状况的感知，进而影响员工的工作幸福感。可以看出，组织中的工作与家庭平衡计划所要达到的目的，就是帮助员工平衡工作和家庭相互需求满足的冲突，进而提升员工的工作幸福感。从具体的实施办法和措施来讲，企业需要了解一个员工的家庭在各个方面的需求，以及工作情况对家庭生活的影响，进而给员工提供适当的帮助和支持。

### （五）构建自我实现的和谐心理契约

心理契约是和劳动契约相对应的一个概念。心理契约不像劳动契约那样强调书面的劳动权利和劳动义务等格式内容，它更加注重员工和组织之间就双方均关心的事项，所形成的一种认知和期待。比如：组织提供给员工舒适的工作环境、良好的人际环境等，员工对待工作的热情投入、工作中的尽心尽力与不偷懒等。如果企业和员工双方，对彼此之间的认知和期待没有违背、做得都很好，那双方之间的关系就是和谐的，员工的幸福感就会增强；如果双方之间对待各种认知和期待违背了，那员工就很难产生工作幸福感。而且，从心理契约的本质来讲，它不注重员工在低层次方面的需要满足问题，而更加关注员工自我实现效用的高层次需要，这种高层次需要恰恰对员工的工作幸福感会有重要的影响。所以，积极关注和调适员工在自我实现方面的需要，构建和谐的心理契约，是提高企业员工主观幸福感的重要途径。

1. 营造以人为本的企业组织文化

构建良好的心理契约，必须要以塑造以人为本和尊重个性的企业文化为基本前提。具体而言，企业要坚持尊重员工的个性，要在各个方面设身处地地替员工的工作与生活着想，要加强员工之间的积极工作沟通，要使员工能够有效认识到企业组织以及管理者对自身工作的期望和要求，要能够在工作中的具体细节上关心和支持员工，要让企业给予他们的物质报酬和精神激励与其的预期和希望相符合。只有这样，员工才会认识到个人的努力是值得的，也才会以更加积极的工作态度投入到企业的绩效目标提高上，从而自觉地促进自身工作需要与要实现的期望和价值，能够和企业的根本目标获得一致。因此，塑造以人为本的企业文化，积极高效地开发员工的能力和潜力，是在为有效构建和谐的"心理契约"创设良好的气氛。当然，和谐的心理契约的构建是一个长期的过程，从某种意义上讲，是一个企业精神积淀的过程。所以，企业要意识到与员工在组织文化上的积极磨合，大力推行企业精神的熏陶，在真正意义上去建设与员工之间的和谐心理默契，相应地，员工所期盼的工作幸福感也就形成了。

2. 科学的组织事业发展管理

加强和谐心理契约的构建，积极提高企业员工的工作幸福感，可以通过发挥科学的事业发展管理的作用来获得实现。事实上，在企业组织的长期发展中，员工除了一定程度地注重经济利益以外，其更看重的是，自己在企业中个人才能是否能够得以充分的发挥，从而实现人生的存在价值。与员工的职业生涯管理相比，事业发展管理所处的层次更高，对组织成员心理契约的建设具有更重要的作用。所以，企业组织要构建和谐的心理契约，就必须积极引导员工对自己的人格、能力、知识以及技能有一个较为准确、客观的认知，帮助员工对自己找到合理的事业发展定位，并进行科学、规范与合理的事业发展管理，从而有效引导员工获得自我成长目标的实现。

3. 实施企业组织情绪管理

加强对员工的情绪管理，开发、培养和帮助员工对自己的情绪有一个合理、合适的认知与控制，也是构建企业组织和谐心理契约的重要方式。具体而言，对员工实施组织情绪管理的具体措施主要包括：首先，企业要积极关注和留意员工的工作情绪，提供消除或减少不良情绪的有效指导和咨询服务，比如，可以设立专职的情绪指导专家和心理医生，提供减少或消除员工不良情绪的有效指导和咨询服务，企业也可以付费联系有关医疗机构的医生等专业人士，为组织成员在紧张工作中积累起来的不良情绪提供放松和缓解的帮助；其次，组织要配备各种先进的能够帮助员工疏导负面情绪的必要设备和设施，比如，配备一些像情绪发泄室那样的有助于疏导不良情绪的必要设施，以疏导如愤怒、压抑、忧郁、抑郁等负面情绪，来减少和消除员工们在现实生活中可能出现或实施的情绪过激行为。这样的话，就可以通过物理技术实现对具有不良情绪的员工的辅导和帮助；最后，要努力地给员工创造一个宽松和愉悦的情感交流环境。为此，企业要经常举行一些有利于员工感情交流的活动，如茶话会、体育比赛和文艺演出，等等。总之，企业组织实施员工情商管理，从建立、促进和提升员工积极情绪的角度考虑问题，并采取有效的措施来努力实现组织内外系统的和谐，形成共生、共谋和长期稳定发展的高效机制，为企业员工构建和谐的心理契约，使其不断地积极保持与企业组织的良好关系，从而最终提高员工的工作幸福感。

# 第三章 企业内部的和谐

加强和谐企业建设,应该实现企业组织内部的和谐。因此,企业需要营造稳定协调的劳动关系,维护和谐的人际关系,建立基于内部和谐的薪酬管理制度,构造创新型企业思想政治工作,从而实现企业与员工之间的和谐,以及员工与员工之间的和谐。

## 第一节 营造稳定协调的劳动关系

### 一、营造稳定协调的劳动关系是构建和谐企业的基础

劳动关系作为一个国家各种社会关系中最基本的构成内容,其和谐与否将直接影响社会主义和谐企业的构建问题。一个很简单的道理,假如社会和企业组织中劳动关系内部的主体双方,始终处于一种有分歧、矛盾、冲突等不和谐的状态和关系之中,势必会对企业的正常生产、经营和管理活动造成消极的和负面的影响。而且,如果这种以矛盾、冲突等现象表现出来的不和谐的状态成为企业组织的一种常态,那么,中国社会主义和谐企业建设的长期发展目标将变得难以实现。可见,如果劳动关系不和谐,企业员工的合法权益就无法得到充分而有效的保护,那么,社会主义和谐企业建设的战略目标就必然无法实现。

从现今国际外部环境实践经验来看,可以发现一个有趣的现象。那就是,一个企业经济获得了迅速的发展,财富增加很多,并没有在企业组织中自发带来和谐的劳动关系氛围,而且,如果企业中的管理人员缺乏相关的协调能力,反而容易导致劳动关系矛盾的加剧和恶化,破坏和谐与稳定,最终阻碍企业的发展。由此可见,没有和谐的劳动关系,必然导致企业和谐失去基石,因此,营造稳定协调的劳动关系是构建和谐企业的基础。

## 二、目前我国企业劳动关系中存在的不和谐现象

在协调劳动关系方面，我国相继出台了《中华人民共和国劳动法》（后文简称《劳动法》）、《中华人民共和国工会法》（后文简称《工会法》）等法律法规，在保护企业员工合法权益方面提供了比较完备的法律体系和法律依据，其中的各项条款规定确实为维护企业组织与员工之间劳动关系的和谐、稳定，发挥了非常重要的作用。但是，我国目前企业的劳动关系中仍然存在很多的问题，严重影响着企业中劳动关系的和谐建设进程，不利于社会主义和谐企业目标的实现。这些问题突出表现在以下几个方面。

第一，许多企业蓄意拖欠员工的工资，使得劳动关系变得紧张，已经成为影响员工生活，乃至社会稳定的突出问题。比如，仅以恶意拖欠城市中农民工的工资为例，据《工人日报》报道：统计显示，全国农民工在 2005 年被拖欠的工资在 1400 亿元左右，近年来，我国因拖欠员工工资而引发的各类劳动争议案件和群体性事件逐年增多。[①] 据中华全国总工会最新调查显示：农民工按时拿工资占 16.3%；年底一并得到工资占 11.2%；偶有工资被拖欠占 32.5%；经常被拖欠占 11.2%；从未按时拿过工资占 28.8%，后面两项之和占到了 40%。尤其每逢春节前夕，欠薪矛盾表现更为明显。因此常引发治安案件和刑事案件，不仅严重影响社会秩序的安定，而且对我国现代化建设产生了极大的危害。[②]

第二，很多企业随意延长工作时间，而且没有就此给加班员工支付额外的薪酬，使得员工基本法律权益无法得到有效的保障。例如，著名品牌"康师傅"方便面的生产企业之一——广州顶益食品有限公司，员工每天工作近 12 小时，每月工作接近 30 天，这样算起来，每月长达 200 小时的高强度的工作劳动，常常令企业员工身心俱疲，身体和心理遭到巨大的透支，因而频频传出各类工伤问题。

第三，很多企业组织对其员工的职业安全与卫生问题重视明显不够，造成人员伤亡事故频发，严重地危害了员工们的生命和健康。比如，2005 年，全国共发生各类职业安全事故就达 803571 起，其中，死亡 136755 人。各类职业安全事故造成的直接和间接经济损失超过了 2000 亿元。国家安监总局

---

① 郑启福：《推行社会责任标准 SA8000 构建和谐劳动关系》，《北京邮电大学学报（社会科学版）》，2006 年第 1 期。

② 数据来源于中华全国总工会相关网站，2015 年 3 月 16 日。

透露，2014年各级安全监管部门共监督检查企业近25.8万家，发现职业卫生方面的问题和隐患49.2万项，下达执法文书22.2万份，罚款5820万元，责令停产整顿1904家，提请关闭1494家。[1] 这些数据足以说明，现在许多企业在员工职业安全领域的漠视或重视不够，进而给员工的身心健康造成很大影响，也给很多家庭带来了很不好的结果，直接影响企业组织的良性发展。目前，我国企业公司的职业安全卫生问题，在国际社会中的形象并不是很好，在每年的国际劳工大会上，经常会听到批评中国职业安全卫生状况的发言，例如，一位国际劳工组织的官员就曾经讲过："中国已成为政治大国、经济大国，但不应成为工业事故大国。[2]"

第四，在我国，普遍存在着性别歧视、残疾歧视、年龄歧视以及户籍歧视等问题，显然不利于企业和谐劳动关系的构建。比如，以户籍歧视为例，在现实生活中，不仅企业自身常常会因员工户籍的不同而给予不同的就业机会和待遇，而且让人难以理解的是，在有些机关部门的法律、法规和规章等规范性文件中，也存在着这类户籍歧视倾向。显然，这些歧视必然会影响到企业员工工作积极性的发挥，自然会造成劳动力资源的巨大消耗与浪费，从而直接影响着企业、地区乃至国家生产力的不断提高与发展。另外，从这些歧视因素导致的影响后果来看，它们在很大程度上也造成和强化了社会成员之间的不平等，显然结果就是严重损害了社会成员之间机会均等和待遇均等的问题。

尽管我国的劳动法及相关配套法规、规章对上述不良现象和问题也做了一定程度的相应规制，然而由于各种原因以及复杂因素，许多法律、法规以及规章制度，根本无法得到贯彻和落实，企业组织与员工之间的各项具体的劳动关系，并不能得到良好的维护和协调，和谐劳动关系的建设更无从谈起。因此，就保护员工的合法权益而言，最关键的还是要积极有效地确保这些规范性文件规定的条款内容，能够得到严格的贯彻和实施，而这方面却恰恰是我国现阶段企业劳动关系建设的薄弱领域与环节。究其原因，一方面，我们国家一些地方政府出于发展地方经济的需要，常常在对企业组织劳动关系的协调问题处理中失去其应有的公正、公平的立场，只是一味地迎合企

---

[1] 数据来源于安全管理网，详细出处：http：//www.safehoo.com/News/News/China/201503/387932.shtml。

[2] 郑启福：《推行社会责任标准SA8000构建和谐劳动关系》，《北京邮电大学学报（社会科学版）》，2006年第1期。

业、管理者或者资方的要求，使得和员工之间的劳动关系问题变得越来越严重；另一方面，由于劳动关系争议处理行政执法人员短缺、素质偏低以及执法手段欠缺等原因，政府机关行政执法的深度和广度受到了一定程度的限制。所以，从某种角度来说，国家政府通过法律、法规、规章等规范性文件，来强制企业组织为员工提供合法、合理的劳动以及工作标准，好像已经变得异常困难，严重影响着劳动关系的和谐、稳定，也不利于和谐企业的构建。

## 三、我国企业劳动关系中存在问题的原因分析

营造和谐的劳动关系是建设社会主义和谐企业的重要方法和手段，而和谐企业的构建又是营造和谐劳动关系最基本的保障，二者是相互促进、相辅相成的。在企业组织的各项具体劳动关系中，劳动争议是一种非常典型的事项，它具体表现为劳动关系双方的主体或当事人，因为享有的劳动权利或履行的劳动义务的认识和态度不同，进而产生了分歧和纠纷。从我国劳动争议的实践中，可以发现目前劳动关系中存在问题产生的原因主要表现在以下几个方面。

### （一）企业的控股股东或企业主的趋利动机强烈

在我国，很多企业的控股投资者或股东都存在长期追求利润的动机，这方面表现典型的是私营企业。目前，中国的私营企业在控制权上大多数是家族式企业，这种家族企业一个很大的特点就是家本位观念浓厚，在经营管理上很容易形成一种高度集权式的管理方式，而它决定了这类企业的老板、控股股东或者企业主，为了单纯追求经济效益或个人利益，内心存在着强烈的利益导向倾向，实践中更多地表现为大量的损害普通员工的机会主义行为。关于这个方面，比较典型的做法主要表现为：第一，企业主或控股大股东总是千方百计地压低员工的工资薪酬，降低大家的报酬待遇，以减少必要的薪酬成本；第二，企业主或控股大股东常常逃避为员工提供社会保障的责任，尽可能地想尽一切办法减少社会保险费用的成本支出；第三，企业主或控股股东经常通过减少员工们的福利项目，降低员工的福利待遇，以缩小相关费用成本的支出；第四，企业主或控股大股东较少对员工开展培训活动，以减少或者逃避组织员工培训等劳动力再生产的成本支出。正是这些私营企业主或大股东单纯追求个人或家族利益的趋利动机，直接造成了企业组织与员工之间劳动关系的不平等、冲突和对立，最容易产生劳资关系矛盾。

### （二）劳动者的弱势地位明显

在中国社会经济发展的现阶段，我国劳动力市场中劳动力的供给常常大大超过其需求量，因此，劳动力市场基本上可以说是纯粹的买方市场。此外，农村剩余劳动力向城市的大量转移，以及城市失业人员的不断增加，使得劳动力的供给压力表现得越来越明显。另外，目前中国的大多数企业属于劳动密集型产业，技术含量低，对劳动力知识、技能和能力的要求都不高，劳动力的可替代性非常强。这些原因都直接决定了在企业的劳动关系中，普通劳动者的弱势地位。而且，企业组织成员自身文化素质的局限性，造成大多数劳动者对我国相关劳动法律、法规以及规章的内容知道得很少，甚至连法律赋予劳动者最基本的权利与义务都不知道。这使得企业员工在劳动合同的建立、修改、终止以及解除等过程中，经常出现很多不懂法律知识的盲目个人行为，这在某种程度上，也给需求方即用人企业侵犯劳动者权利、不遵守企业用工方的责任与义务的行为发生提供了可能，而这进一步加剧了广大普通劳动者，在企业组织劳动关系中的弱势地位。

### （三）法制建设的不完善

目前，我国规范企业劳动关系的法律主要是《劳动法》和《中华人民共和国劳动合同法》（后文简称《劳动合同法》），但是由于中国现代的整个经济基础和社会结构都已经发生了巨大的变化，企业组织中劳动关系的状况也已出现了许多新的情况，而这两个法律显然已经不能完全适应正在发生巨大变化的劳动关系现状。从前些年全国人大常委会组成专门执法检查组，对《劳动法》与《劳动合同法》的实施情况进行执法检查来看，其中尚存在很多问题，比如：整个社会的社会保险制度及政策覆盖面很窄、统筹层次很低，欠缴社会保险费的现象较为严重；各地区最低工资保障制度并没有得到全面地落实和执行；很多企业劳动合同签订比率很低、期限较短、内容也不规范；一些企业员工超时加班现象仍比较普遍，工作环境与条件都非常差；一些地方的劳动保障部门的监察力度也不够，在很多具体的事件中工作不够深入，造成很多劳动争议的案件处理周期较长，而且处理结果的效率也不高；等等。

从这些现象来看，我国目前劳动法律、法规以及相应规章的建设现状很滞后，造成各种劳资争议或者劳动关系纠纷案件在社会中大量存在，以至于影响了很多企业组织和谐劳动关系的构建。

## （四）三方协调机制不健全

从现代世界发达国家企业组织劳动关系的实践中不难发现，协调劳动关系的三方会议，是一个协调、处理和完善组织劳动关系中各方面具体工作的，较为科学、规范、合理和稳定的工作运行机制。应该说，它在协调、完善和处理企业组织中有关劳动关系的重大问题事项方面，始终发挥着重要和积极有效的作用。然而，在目前的中国，三方协调机制仍处于建设的初期阶段，这显然导致了很多领域或方面仍然存在许多的不足。比较典型的是在目前强资本、弱劳工的现实实践情况中，工会的地位不高，相应地，其作用难以发挥，其企业员工的代表性就不够强；另外，企业中雇主、老板和管理者对组织劳动关系的认识和观念不准确、不客观和不到位，这样会导致企业在协调和完善劳动关系的组织结构，以及体制建设方面大范围缺位，再加上参与协调和完善劳动关系的专业人才和知识的明显不足和缺乏，试图通过三方协调机制来处理企业劳动关系的工作，经常变得效果不够明显和理想，有时候甚至变得无效。

## （五）职能部门监管力量不足

一般说来，有效的监督与管理常常是减少或杜绝劳动关系中发生侵权行为的一种有效手段和方式。其实，早在2004年12月1日起施行的《劳动保障监察条例》中，我国政府机关就已经明确了劳动保障行政部门，对劳动关系中各方主体的监管职责。然而，现实情况却是，劳动行政监察部门在日常的行政执法工作中仍然存在一定的难度和困难。比较典型的表现主要集中于两大方面：一是行政执法力量的供给不足。目前，我国地方劳动和社会保障部门相比其他行政机关，工作人员明显配给和职位安排不足，导致基层劳动监察的力量变得非常薄弱；二是行政执法的力度也不足。比如，对无故拖欠工资的违法行为，《劳动保障监察条例》规定只能处以2000元以上、2万元以下的罚款。① 违法成本过低，不足以构成对违法行为的威慑力。

## 四、解决企业劳动关系中存在问题的对策

根据上述研究与分析，可以看出对于一个企业组织而言，其劳动关系水

---

① 潘旦：《协调劳资关系，构建和谐企业——温州市私营企业劳动争议特征及对策研究》，《温州大学学报（社会科学版）》，2008年第2期。

平程度是否和谐，直接影响着社会主义和谐企业的建设，因为企业中劳资双方的对立、冲突和矛盾势必在企业经济发展中产生不良影响。因此，减少企业劳动争议，解决企业劳动关系中存在的问题，是营造和谐企业劳动关系的根本。具体而言，在实践中可以采取以下几个方面的措施与办法。

### （一）大力加强劳动立法方面的工作

实践表明，一个国家的法制建设与法制宣传教育工作，在构建社会主义和谐企业的工作中具有重要的作用。然而，中国的现实情况却是，劳动立法工作存在着明显的不足与滞后性。目前，协调企业劳动关系的法律、法规主要是《劳动法》和《劳动合同法》。但结合我国企业劳动关系的实际情况，还应当制定一系列的单行法，如《劳动争议处理法》、《集体合同法》、《劳动标准法》、《工会组织法》和《社会保险法》等，从而保证劳动法制体系建设的完整性。另外，我国相关机构还要不断加强法制宣传教育的工作，要通过法制宣传教育工作，监督和促进有关企业积极落实劳动法律、法规以及规章的各项规定和内容；要有效引导广大员工或普通劳动者，依据法律规定的内容和程序，来积极有效地努力维护自身的合法权益；要采取措施积极有效地防止雇主和普通员工之间的劳资冲突，要尽可能地减少或杜绝劳资纠纷现象的出现。

### （二）加强监管职能建设

在一个国家的企业劳动关系的实践中，采取有效的监管措施，是预防和处理劳资争议和纠纷的有效手段与方法。目前，我国劳动行政保障部门可以从以下几个方面，来加强和完善行政监管职能工作的建设：第一，积极创新监管手段。例如，可以推广和规范日常工作中的劳动检查制度，建立企业组织薪酬支付保证金制度，进一步推进和实施劳动保障诚信档案的建设工作，等等。第二，积极加大惩罚力度。例如，应该针对企业组织无故或恶意拖欠与克扣员工的工资收入、不给员工支付加班工资、不和员工签订劳动合同或劳务合同、不为员工缴纳各种社会保险费等违法或违规行为，依法有效地予以行政处罚。在可能的条件下，通过新闻媒体或媒介在社会上公开进行曝光，广泛利用社会公众和舆论的压力，加大对违法或违规企业的处罚，并在一定程度上强化惩罚的效果。

### (三) 加强用人制度建设

一个企业、一个组织要发展,根本上是要靠人来实现和完成的。因此,企业必须有效地建设和创新组织内部的用人管理制度。只有在企业内部科学、合理、规范地建立相关人事管理制度,才能最大限度地减少或消除企业组织内部在劳资关系方面出现的各种分歧、矛盾与冲突,进而创造出一种和谐的企业组织用人制度氛围。

从人力资源管理的角度来看,人事制度的制度创新主要集中于选人、用人、育人和留人四个方面。首先,在选人制度方面。企业应该根据组织自身的宗旨、使命和发展的战略目标,建立起一整套完整的、系统的和规范的人力资源测评办法和体系,以确保所选人才的素质和能力能够符合企业组织的战略发展要求。其次,在用人制度方面。要在企业组织内部创建有效的员工竞争上岗、可上也可下的灵活用人机制,同时,在企业的生产经营过程中,要能够不断地把最合适的人安排在最适合的岗位,要在最合适的岗位安排最适合的人。再次,在育人制度方面。企业组织要加大对广大员工人力资本的投入,通过组织培训、组织开发,大力有效地提高和拓展员工的知识、技能和能力。最后,在留人制度方面。企业要给员工提供合适的薪酬形式,在薪酬水平和结构上构成对员工的吸引力,要关心员工的生活,不但要以情育人,而且要以情留人。

### (四) 推行集体谈判制度

集体谈判是现代市场经济条件下,很多国家政府规范和完善各项劳动关系的重要方式和手段。目前,各个发达国家都在广泛地通过集体谈判的手段来规范企业组织的劳动关系事务。因此,集体谈判制度也成为各个发达市场经济国家中,整个劳动关系制度的核心内容。目前,从我国的《劳动法》立法和执法实践情况来看,在我国,一个有关集体谈判和集体合同的法律和制度框架也已经基本形成了。然而,从实践上来看,其中仍面临着诸多问题。也就是说,还有很多问题尚需完善,比较典型的是:要培育真正的市场谈判主体、要建立完善的谈判制度和机制、要在法律和法规以及规章上明确谈判的基本内容、要积极强调企业主或主要高层管理者在谈判中有责任提供相关信息、要具体明确各方利益主体的违约责任和处罚办法等。尽管存在着一些问题和许多需要完善的地方,但是集体谈判制度在解决劳动关系中存在的冲突、矛盾和问题方面,始终发挥着重要的作用。

### (五) 完善三方协调机制

我国政府相关劳动管理部门应该采取措施，积极完善三方协调机制①。关于这个方面，下文有专题论述。

### 五、加强"三方机制建设"是营造和谐劳动关系的关键

要实现企业组织内部的和谐，一个重要的方面或者措施，就是要积极有效地营造稳定、协调的劳动关系。因而，营造稳定、协调的劳动关系，促进企业和谐与发展，对于推动社会主义和谐社会建设，建立现代企业制度，具有重要的现实意义。

构建社会主义和谐企业，实现组织内部的和谐，必须积极有效地营造稳定、协调的企业劳动关系。从上文的分析和目前的企业实践来看，协调好组织中各项具体的劳动关系，方法和措施是比较多的。不过，在这些方法中，最关键的还是要加强"三方机制建设"。具体来说，"三方机制"是由劳动行政保障部门作为政府的代表、工会作为员工的代表、企业联合会作为企业的代表，所共同组成的协调企业劳动关系的一种运行机制。协调劳动关系的三方机制制度，是国际上经过一百多年的实践发展而形成的，一种建设和谐的劳动关系、进而促进企业组织内部和谐的有效机制。在实行"三方机制"制度的过程中，三方协调显然要比单方处理矛盾和冲突更加全面，能够兼顾各方利益，也易于被各方主体所接受。它能够在涉及劳动关系的重要问题上充分发扬民主，积极听取和采纳各方的重要看法和意见，进而有利于推动和谐劳动关系的建立和营造。"三方机制"的三方，他们的追求和实现目标应该是一致的，就是要建立规范、稳定和协调的企业劳动关系，促进企业内部的和谐，推动企业发展。所以，"三方机制"建设是打造和谐企业的必然要求。

加强"三方机制"建设，必须首先要明确"三方机制"协调的主要内容和职责。目前，根据国内外企业的一些实践，"三方机制"（三方会议）协调的主要内容和职责是：（1）建立、完善平等和双赢的集体劳动合同谈判制度，以及员工个人劳动合同制度；（2）完善员工薪酬福利分配制度；（3）明确员工的最低工资收入、休息与休假、劳动安全卫生、职业技能培

---

① 潘旦：《协调劳资关系，构建和谐企业——温州市私营企业劳动争议特征及对策研究》，《温州大学学报（社会科学版）》，2008 年第 2 期。

训、女员工和未成年员工特殊保护等制度的制定和落实；（4）构建员工民主管理制度和工会组织结构、框架建设体系；（5）具体明确劳资双方劳动争议和纠纷的处理办法和流程；（6）监督有关涉及调整劳动关系的法律、法规与规章以及政策的实施情况，并提出相关意见和建议；（7）通报有关主体各方，在协调组织劳动关系工作中出现的情况和问题，并对劳动关系方面的重大事项进行协商与交流；（8）开展劳动法律、法规宣传，总结有关典型的经验，并研究分析劳动关系状况及其发展趋势。[①]

实践证明，"三方机制"这个制度不是可有可无，而是非建不可，只要按照要求认真落实，效果应该是好的，影响也是大的。企和万事成，只有加强"三方机制"建设，营造稳定协调的劳动关系，打造和谐企业，才能实现可持续发展。企业要从长远的角度来理解营造稳定协调劳动关系的内涵和意义，进而才能在行动上真正落实。"三方"在执行"三方机制"制度上要有具体行动。在协调劳动关系方面，"三方"都要加强学习，提高认识，不断提高三方工作人员的工作素质，增强工作的主动性和积极性，不搞形式主义。

总之，企业作为"三方"中的一方，应该充分认识"三方机制"建设的重要意义和作用，不断提高认识，统一思想，努力把"三方机制"建设工作做到位，营造稳定和谐的劳动关系，实现企业内部和谐，促进社会主义和谐企业的建设和发展。

在企业组织中，管理者谋求的是企业的长远利益，普通员工则更关注眼前利益，解决这个矛盾是营造稳定和谐劳动关系的关键。因此，企业要坚持促进企业发展与维护员工权益相统一，将事关员工切身利益的突出问题作为工作重点。同时，通过营造稳定和谐的劳动关系，能够树立企业的良好形象，改善企业的投资和经营环境，提高企业的竞争力，为企业带来实实在在的利益，真正实现"企业得发展，员工得实惠"的目标。

## 第二节 维护和谐的人际关系

现代企业管理从本质上说，是关于人的管理，是对人的心理和行为的管理。"事在人为，人和业兴"，能否维护和谐的人际关系就成为判断管理工作成功与否的重要标志。

---

[①] 吴冀林，李镇远：《打造和谐企业》，人民出版社，2011年版，第29-31页。

## 一、人际和谐是和谐管理的基础

20世纪60年代以后的权变理论提出，有效的管理绩效或者效能，主要取决于管理者、下级员工和情境或环境三者之间的匹配或适应关系①。这一点在本质上阐述了管理活动的上下级员工之间、管理者与员工在企业组织内部与环境或情境的匹配适应程度，对管理的有效性以及构建社会主义和谐企业问题上的重要影响。所以说，在企业组织中，人的和谐或者说人际和谐非常关键，在某种程度上来说，人际和谐就是构建企业组织内部和谐的基础。

在企业管理的各项具体活动中，以和谐为理念和原则来开展各种管理活动，便可以形成具体的和谐管理实践。通常来说，和谐理念在实际活动中主要表现为：人自身的身心和谐、人与人之间的人际和谐、人与外部环境之间的和谐等。其中，组织成员之间的人际关系和谐，是企业组织内部和谐的重要内容、表现形式和实现方法与手段。根据组织人际关系理论，企业内部的人际关系基本上可以分为两个层面：横向的人际关系和纵向的人际管理关系。和谐的人际关系要求必须能够有效地处理好这两个层面之间的关系。②因此，可以认为，从本质上来讲，人际和谐就是和谐管理的应有之义。在企业组织实践中，和谐的人际关系可以保证和促进组织内部成员之间的有效沟通，加速实现员工之间的积极互动，增强企业内部人与人之间的联系和亲和力，有效地减少和消除企业组织的内耗成本，最终提高企业组织内部的凝聚力。所以说，和谐的人际关系能够在管理实践中产生正的管理效益，具体表现为以下几个方面。

第一，和谐的人际关系有利于促进组织管理的总目标与员工的个体目标相一致。一般而言，在一个组织或企业内部，如果其成员或员工之间能够实现融洽相处，那么成员之间在完成的工作或任务方面会很容易达成共识，进而实现员工之间在工作方案选择上的共同可接受性，这显然有利于组织或企业总体目标的实施和完成。

第二，和谐的人际关系有利于管理决策的执行和完善。决策通常是由管理者来制订，并交由下级管理者和普通员工来实施和执行。如果管理者和员工之间能够实现和谐的纵向人际关系，将可以为保证管理决策的合理与适度提供前提和可能条件。这样的话，就可以保证员工之间实现通力合作，促使

---

① 申丽红：《浅谈和谐企业管理理论的研究》，《管理观察》，2011年4月中旬刊。
② 申丽红：《浅谈和谐企业管理理论的研究》，《管理观察》，2011年4月中旬刊。

员工个人在执行决策的过程中积极主动地发现和监督管理决策在实施过程中存在的问题或缺陷,并向有关决策管理部门提供建议和反馈,从而促进管理决策的不断完善。

第三,和谐的人际关系有利于管理制度与规则的认同。通常意义上讲,一个实现和谐人际关系的组织或企业,其内部成员或员工必然对于各项管理制度和规则是普遍认同的。因为,组织成员或员工在共同认同的基础上,能够很容易地产生和形成愉悦的心情体验,进而在员工个人的心理过程中实现可以满足他们自身需要的效用水平。所以说,企业组织中的每个成员都会自觉、自愿地遵守各项规章制度和恪守各项规则,积极有效地促进生产效率的不断提高,促进组织实践中各个管理环节的顺利进行。关于这一点,一个世纪前著名的霍桑实验就已经揭示了这个道理,那就是,员工工作的干劲和满意程度在很大程度上取决于劳动部门或集体之间的人际关系,以及员工之间对于组织目标、使命以及价值观的认同感[1]。

第四,和谐的人际关系有利于组织成员积极有效地交流情感和信息。在一个组织内部,如果成员之间的人际关系是和谐的,那么人与人之间必然是积极互动的,这样的话,成员之间就可以实现在感情和信息方面的有效沟通和交流,进而促进人际交往全方位地展开,有利于实现组织成员之间的利益共享、资源共享的融洽组织氛围,最终有利于员工工作任务的顺利完成,也有利于他们不断地提高自身的工作效率。更进一步来讲,员工们掌握的信息越多,交流的感情越丰富,自身所获取的知识和技能也就越多,实践中的工作能力也就会越强,这对于企业成员自身的职业发展与成功也是非常有利的。

## 二、维护和谐的人际关系是构建和谐企业的有效途径

从管理心理学的角度来说,企业组织内部的人际关系是指在企业组织的内部环境中,成员或员工之间因为交往和联系所形成的一种状态或形态。人际关系作为一种状态或者形态,常常具有三个方面的特点:一是社会性。因为人是社会环境中的人,所以一个人要想在环境中求得生存和发展,就必然会与周围的人发生各种各样的交往和联系,从而形成一定的人际关系,社会性是人际关系的本质属性。二是情感性。因为人是有感情的高级动物,所以

---

[1] 肖映胜:《和谐社会主体及其管理效益分析》,《产业与科技论坛》,2008年第5期。

人们之间的交流和沟通常常是以感情作为基础的。只有在人际交往中富有感情，组织成员或员工之间才能够从真正意义上建立起亲密和谐的人际关系。三是复杂性。实践中，由于各种人际关系往往是错综复杂的，常常交织在一起，不容易很好地进行处理。如果处理不好，将会对企业的管理产生负面影响。①

处理组织成员之间的人际关系的宗旨是建立和谐的人际关系，以消除员工人际关系中的不和谐因素。不和谐的人际关系，主要表现为人与人之间常常是有矛盾、摩擦和冲突的，其特点是钩心斗角、互相拆台。在这种恶劣的人际交往环境中，成员们心里不安、情绪紧张，其结果小则不利于人的身心健康，大则打压员工队伍的士气，进而会降低员工们的工作效率，影响到企业的兴衰与成败。

长期以来，传统的企业管理是以工作任务为中心，偏重于协调物与物、人与物之间的关系，忽视了人的作用和人与人关系的协调，这样的管理必然缺乏科学性和有效性。随着生产力的发展，企业经营者越来越认识到，人是企业发展的根本，调动员工的积极性，依靠金钱刺激不是唯一的办法，还取决于维护和谐的人际环境。管理工作的重点不能只注重完成工作任务，更重要的是关心员工、了解员工的思想感情，倾听员工的意见和建议，满足员工个人的个性化需求，处理好与广大普通员工之间的关系，进而使得员工之间形成和谐的人际关系，共同搞好生产经营。

国外许多知名企业家从其管理经验中，深切地认识到人的重要性；因此，无不重视维护企业内部和谐的人际关系。日本"经营之神"松下幸之助对于企业维护和谐人际关系的意义有深刻的理解和论述："公司的经营是以人为中心运作的，尽管组织重要，但它还是次要的，最重要的是要以人为中心的思想。"②

如果企业组织中个体成员之间，相互猜忌、相互排挤、相互嫉妒、钩心斗角，都会给企业组织带来各种负面的影响，进而可能会导致企业中员工的不稳定，降低组织成员对组织的忠诚度和承诺度，增加员工的跳槽和离职。相反，如果组织中能够具备和实现和谐的人际氛围，就可以增强企业组织内部成员与成员之间的联系和亲和力，最终有效地消除和减少企业组织内耗，增强组织对员工的凝聚力。不过，企业组织内部实现和谐，也并不意味着成

---

① 李伟：《组织行为学》，武汉大学出版社，2012年版，第279-280页。
② 吴冀林、李镇远：《打造和谐企业》，人民出版社，2011年版，第34页。

员之间与世无争、相安无事。因此，对于企业组织中的管理者来说，员工或成员之间的人际和谐，是非常重要的，必须通过一定的措施才能够实现。企业实践中设计的各项激励制度和机制，根本目的就是要实现员工之间的人际和谐，从而保证和促进企业的发展活力与生产经营效率。

三、企业维护和谐人际关系的措施

要实现企业内部和谐，一个关键就是要确保组织内部成员之间的人际关系和谐。那么，企业如何维护和谐的人际关系呢？需要做好以下几方面的工作。

第一，以人为本，建立关爱员工的制度。企业组织要维护和谐的人际关系，高层管理者必须高度坚持以人为本的原则，注重将此原则和理念积极运用到实践活动当中去。并且，根据企业组织自身的特点，建立关爱、关心和支持员工的制度。从人性管理的角度出发，去尊重、重视员工和组织成员，最大可能地满足他们在各方面的精神和物质需求才是重点所在。

第二，积极推进和完善企业的民主管理制度与实现方式，注重转变领导者的管理特点与作风。现代企业管理实践强调，要积极地运用民主管理的方法、方式、手段和措施，充分发挥广大员工的工作积极性、工作投入度和工作创造性，这是所有企业存在和发展的永恒主题。其实，在广大员工的头脑中，蕴含和隐藏着许许多多的智慧，如何去发掘和激励员工的聪明才智，已经成为所有领导者和管理者面临的重要问题和困难。一个普遍的原则就是——加强民主管理方式，转变领导作风和管理作风。因为只有企业的领导者和管理者，转变高高在上的领导作风和工作作风，不断根据企业组织的实际发展情况，运用民主管理的方式、形式和方法，并通过有效的制度化体系，进而得到广大组织成员的普遍认同和接受，这样才能使员工的聪明才智得以发挥和运用，最终通过共同的努力实现企业发展的根本目标。

第三，构建完善的信息平台，增强管理者的沟通能力和技能。一般来说，企业组织内部信息的传导媒介和渠道是否通畅，直接影响着员工之间的沟通效果，如果出现问题，可能会直接影响员工个人的心理情绪体验。信息传递如果误导和失真，往往会使员工个体出现一定的心理问题与障碍。所以，企业内部的信息传递通畅是非常重要的。为此，要使信息成为重要的沟通内容，应大力建设和完善企业组织的信息化平台与沟通机制。只有这样，高层管理者才有可能去关注员工们的内在需求，才能把话说到员工的心里去，也才能在真正意义上实现领导者或管理者与下级员工之间在心灵上的沟通。

在企业内部，谋求员工之间建立和谐的人际关系，是企业组织和谐理念的本质体现和要求，它不仅有助于减少企业内部因为人际摩擦和冲突所造成的各种"内耗"，从而促进和激励员工们释放最大限度的工作动力和能量，而且，也有利于在企业内部形成一个默契、愉快和宽松的团队组织氛围，进而提升员工个人的身心健康，激发他们的工作灵感和创新思维，维持相互之间最佳的工作状态，最终实现企业组织的整体效益和发展目标。

### 四、建立完善的沟通系统是维护和谐人际关系的关键

在企业中，员工与员工之间，员工与领导者、管理者之间，由于工作难免会出现一些这样或那样的矛盾，这些问题或矛盾的出现，必然会影响少数或个别员工的工作积极性，增加"内耗"、降低效率。如何解决好这些问题，维护企业内部和谐的人际关系氛围呢？打破等级制度，建立完善的沟通系统是关键。

在企业中，由于员工之间的价值观、人格、气质、知识、技能、能力和工作方法等各方面的差异，可能会产生不理解、不信任、不合作，这时就需要相互沟通。在沟通的过程中，主要是让双方把自己的思想全部如实地表达出来，而不是对某些事物的对错进行无谓的争论，更不是因为一时冲动，伤害了双方的感情。沟通时要有一定的感情和理性，尤其不能用敌对的态度，包括眼神、语言、肢体等。否则的话，都将影响到员工的士气和工作效率，使企业难以形成凝聚力。

沟通是人类本性的基本需求和体现，任何企业组织都不能随意忽视人们的这种基本需要，因为有效的沟通不仅能够提高一个企业组织的管理绩效，而且也可以积极地防止企业内部各种不利、消极和破坏性冲突的发生。企业要实现组织内部的和谐，就要不断地加强内部的信息互通和感情交流。企业管理者要逐步建立起一套完善的沟通体系、系统和机制，树立全员沟通的观念和思想，进而能够实现人人能沟通、时时能沟通、事事能沟通的组织沟通氛围。

沟通有利于广大员工在企业宗旨、使命、价值观以及目标达成上形成一种共识，进而转变为一种强大的组织向心力和凝聚力；有利于形成企业内部良好的人际关系；有利于在企业组织中，创造更加和谐的组织环境，进而逐步发展转化为一种不断推进和提高企业管理效率的企业资源；有利于企业组织良好文化氛围的形成，有利于促进和激励企业员工之间的分工、配合与协作；有利于增强员工的主人翁责任感，调动员工参与企业经营管理的积极性和创造性。沟通是传达、倾听、协调，是团队成员必须具备的素质。通用公

司首席执行官伊梅尔特曾经说过:"我始终认为人的因素是一个企业成功的关键所在。根据我40年的成功经验,我发觉所有的问题归根结底都是沟通问题。"①

企业管理需要沟通,构建一个和谐的企业需要内部成员沟通协调。良好的沟通是维护和谐人际关系的关键,也是实现企业内部和谐的有效方式。如果一个企业组织内部缺乏良好和顺畅的沟通方式与氛围,将对企业的管理绩效和效能构成负面的影响。无论是管理者还是普通员工,沟通都是其最基本的要求和技能,也是企业管理工作和实践活动的基本内容。

## 第三节 建立基于内部和谐的薪酬管理制度

员工薪酬对于企业组织发展的影响,其实是一把"双刃剑",既有正面的,当然也有负面的。一方面,企业薪酬管理如果科学、规范与合理,就能够积极吸引、留住和激励组织成员,从而卓有成效地提高企业组织的实力和竞争力;另一方面,企业薪酬管理如果不科学、规范与合理,又会给企业带来内部不稳定的因素,从而使企业组织处于一种危机的状态之中,进而影响到组织的和谐和长期可持续发展。既然如此,对于一个企业来说,如何通过有效地利用薪酬管理制度、方式与措施,合理地进行经济利益分配,从而吸引、留住和激励员工、激发优秀或者核心员工的工作投入与积极性,就成为每一个企业组织所面临或需要解决的迫切问题。

### 一、我国企业内部和谐薪酬管理中存在的问题和原因

薪酬管理往往是通过一定的制度形式来实现的。目前,根据企业组织管理实践,薪酬制度管理的影响因素主要集中在外在环境因素、组织内在因素和个人因素三个方面。其中,外在环境因素主要包括政府的政策调节、经济发展状况与劳动生产率、地区生活水平、劳动力市场的供需情况、物价变化、行业薪酬水平的变化等;组织内在因素主要包括企业规模、薪酬政策、企业文化、财务能力、预算控制等;个人因素主要包括教育程度、工龄、绩效、发展潜力、个人能力和经验等。

在我国企业的经营管理中,很多经营管理者认为企业管理者凭借自身的"个人权威"就可以游刃有余地监控企业运作,尤其在薪酬制度方面,对企

---

① 吴冀林,李镇远:《打造和谐企业》,人民出版社,2011年版,第38页。

业的管理随意性很大，企业所设计的各项薪酬规章制度只是摆设，这阻碍着企业组织的进一步发展和成长。具体表现如下。

### （一）企业薪酬设计与其发展战略相脱节

目前，很多企业没有从企业的总体战略和人力资源战略高度出发，来设计组织的薪酬管理制度系统，常常只是单纯地把薪酬设计和规划看作是一种目的，而从不关心到底什么样的薪酬管理制度，才会最有利于实现企业的发展战略目标。也就是说，从不考虑企业自身薪酬制度和组织发展战略目标的有效结合问题。然而，事实上，薪酬体系既然是一个企业人力资源管理系统的一个重要组成部分，如果与企业的发展战略规划不匹配甚至相脱节，那么，就会使员工把自己的工作时间和精力，投入与企业发展战略无关的事情上去，会导致薪酬制度的导向功能发生失调，更加不能使员工形成与企业发展目标和组织价值观相一致的个人目标和行为准则。组织成员就会一味地把经济性的薪酬作为在企业工作的唯一动力和追求目的。因此，当其他企业拿出更高的薪酬待遇时，员工的流失问题就会迅速表现出来，也会将薪酬管理带入一个恶性循环之中，最终导致企业人员大量离职、跳槽，直接影响企业组织的长期可持续发展。

### （二）企业员工薪酬分配观念和原则落后

在实践中，事实上很多企业没有形成科学、规范与合理的薪酬管理制度，尤其是在薪酬分配观念和原则上，显得非常陈旧和落后。一个典型的表现就是员工的工资标准常常由企业的领导者或者老板自己确定，随意性比较严重，员工的各种薪酬项目与指标设置，明显缺乏科学和量化的具体明确依据。制度制定得不严谨、不科学、不规范和不合理，致使企业的薪酬管理制度往往是朝令夕改，从而让员工经常感到无所适从，于是员工对公司的向心力、满意度、忠诚度、凝聚力和认同感，呈不断下降的趋势。而且，这种员工薪酬分配制度观念和原则的落后，势必会造成因为薪酬分配制度的不公平、不公正，加深企业和员工、员工与员工之间矛盾的加深，进而影响到企业内部的和谐稳定和企业经济效益的提高。

### （三）薪酬制度缺乏激励性

很多企业认为员工的薪酬支出是纯成本性支出，为了提高组织的经济利润，高层管理者常常不择手段地压缩人力资本支出，除国家法定的福利以外，企业根本不对或者很少对员工实施自主企业福利。相应地，对于很多企业的员工而言，除了拿到每月的基本工资以外，很难享受到诸如住房补贴、企业援助计划等福利待遇。有时候，一些中小企业甚至不与员工签订法律规定的劳动合同，恶意拖欠员工的基本工资，从而逃避责任，进而使得企业员工的合法权益得不到根本和实质上的法律和制度保护。另外，一些企业的薪酬支付计算的方法或发放依据落后或者过时，仅仅将员工所处的工作岗位、教育背景和工作年限等因素作为依据，来确定员工的薪酬等级，普遍缺乏与员工薪酬计算相联系的绩效考核，完全不适应现代企业发展实践的要求。这些都使得薪酬结构和水平体系在制度上，不能对高绩效员工和低绩效员工实现有效的区别，不利于提高企业员工努力工作的积极性，薪酬制度的激励效果发挥不够明显。最终，导致企业组织对广大员工的吸引力、向心力和凝聚力不断下降，很多企业的员工离职和跳槽率很高，出现了企业员工流动性大、组织成员不稳定的状态和局面。

**（四）薪酬管理中缺乏人文关怀**

社会上普遍认为，企业的薪酬管理应该属于物质性管理，并不一定需要人文的内容，因而在薪酬制度体系设计上很少贯彻以员工为本的理念和原则。这样一来，企业组织在薪酬制度管理中，就会明显地表现为欠缺人文精神、过分物质化，从而直接降低了广大员工的工作幸福感。事实上，从发达国家多年的薪酬实践来看，企业员工尤其是那些受过高等教育水平的核心员工普遍看重个人发展机会、成就感等非经济性的报酬。而中国薪酬制度管理中人文关怀的长期缺乏，造成企业成员即使获得的物质待遇不低，但员工们普遍都感觉工作中缺乏激情，没有充分享受到工作过程所带来的愉悦和心理效用评价。更进一步来讲，如果组织中不注重人文关怀在企业薪酬制度管理中的作用，过多地强调物质的报酬收入，就会自然或不自然地导致组织员工离职或者跳槽数量的增加，这对企业组织内部的和谐稳定，显然是相当不利的。

**（五）薪酬管理制度缺乏战略眼光和公平性**

现在很多企业尤其是中小型企业，往往在确定发展战略目标的时候，很少结合企业的薪酬制度进行组织的战略规划。一些企业有自己的人力资源战略规划，但是其中较少反映薪酬制度或者体系，也就是说，在薪酬结构、水平上不能有效实现和其他人力资源管理模块的连接。另外，一些企业组织在薪酬管理制度上，激励功能非常弱化，报酬收入分配不够公平。薪酬分配的不公平性，主要表现在外部、内部与个人三个方面。外部不公平，即对于同样的岗位，本企业的工资明显低于同行，缺少竞争力；内部不公平体现的是组织内部，在薪酬结构上的不合理与不科学，比如，没有有效实现按贡献和能力支付薪酬的制度或政策；个人不公平反映的是，对于个体而言，其自身薪酬的增加并没有达到个人基于贡献和能力提高的预期，因而感觉不公平。这三个方面，都使得企业组织的薪酬制度缺乏对员工的有效激励。

## 二、企业内部和谐薪酬管理的原则

合理的薪酬体系，是企业留住人才的关键，也是企业内部和谐的动因。利益分配是直接影响企业成员心态的物质因素。薪酬直接关系到员工的切身利益，处理得好，能极大地提高员工的积极性和创造性；处理得不好，员工会满腹怨言，工作中相互推诿、扯皮，矛盾重重，致使工作效率下降。因此，要打造和谐型企业组织，不断提高企业员工的工作投入度以及工作积极性和创造性，就要建立一套完整、系统、公平、合理的薪酬制度体系。不合理的薪酬制度，只会让员工丧失工作积极性，这对企业带来的损失是不可低估的。因此，企业应建立合理的薪酬体系，提高员工对薪酬的满意度。

目前，企业组织的行业背景、组织文化、企业人才管理理念的不同，企业组织所设计的薪酬制度体系和管理方式、方法，都会表现为有一定的差异性。基于此，必须根据不同企业组织的特点来设计相应合理的薪酬管理制度。一般而言，薪酬作为一种较为典型的价值分配形式，在制度和政策设计时应当遵循一定的基本原则。具体主要包括：内部公平性、外部竞争性、与绩效相关性、激励性、可操作性和灵活适应性等原则。

## 三、提高企业内部和谐薪酬管理的建议

### （一）促进福利政策设计的人本化

企业组织要想吸引和留住人才，不仅要提供给知识型员工和核心员工有市场竞争力的薪酬水平，事实上，给他们提供优厚的福利待遇也是不可或缺的。根据现代人力资源管理理论，一个企业的福利政策应该可以作为公司整体竞争优势战略来看待。具体而言，目前企业管理实践中的福利项目主要包括：法定福利、住房补贴、购房购车无息贷款、系统的员工培训、企业年金、带薪休假、弹性福利，等等。企业只有不断地推出多元化的、符合中国

实际的福利项目，尤其是那些可以满足员工自身差异需要，体现个性化的福利项目，就可以为员工提供一个自我发展、自我实现的优良环境。客观来说，在现阶段的很多中国企业里，管理层在福利方面的投入支出，常常被广大员工所忽视，因为货币形式的普通薪酬似乎更容易被成员们感觉到，也似乎更加实在，所以，很多企业在福利管理上总有一种"出力不讨好"的感觉。要解决这一问题，目前最常用的一个方法就是采用选择性福利或者弹性福利，即在员工福利项目的设计和规划上，要坚持人本化和个性化的基本原则，以满足员工对福利灵活机动的要求，进而不断提高员工的工作满意度和主观幸福感。

(二) 薪酬管理过程中鼓励和强调公平竞争

薪酬管理的根本目的是提高企业的劳动生产率，而这在一定程度上有赖于在组织内部创造一个相对竞争的环境。如果一个组织的薪酬管理制度和政策，能够有效鼓励和促进成员之间的公平竞争，那么，这个组织的薪酬制度就是充满活力的，也必将积极推进组织的长期发展。为了实现这个目标，必须将企业的薪酬制度与组织内部的绩效考核制度结合起来。具体而言，通过强调薪酬收入与员工个人的实际贡献相挂钩，与个人、团队、组织的绩效相挂钩，并且在一定程度上合理地拉大组织成员之间的薪酬差距。

另外，要通过企业内部的一系列改革或者创新，加强企业在薪酬收入分配上的内部公平。这样的话，就必须在组织中进行科学的工作设计，合理地确定企业内部各个不同岗位或职位的相对价值，然后，针对职位或者岗位本身，从职位或者岗位的责任度大小、复杂程度、控制范围、胜任岗位或职位所需要的知识和能力等多方面，进行量化评价，进而从根本上解决薪酬收入对内分配不公平的问题。一般来讲，为了使企业组织的薪酬分配更加公平，需要确定一个企业组织薪酬水平的外部竞争力①。要做到这一点，关键是要实现公司的薪酬水平与企业财务可承受能力之间合理的平衡，简单来说，就是看一个公司的经济力量是否可以负担起比较高的市场薪酬水平。一味地强调薪酬水平的外部竞争力，而忽视了企业自身的经济承受能力，将会使企业组织的财务成本不断增加，严重的时候，可能会导致企业在生产经营上陷入

---

① 薪酬政策的外部竞争性，指的是将现有的薪酬成本进行合理分配，将企业的高级管理人员、高级技术人员等对企业贡献大的员工的薪酬水平定位在市场平均薪酬水平之上，以保证其具有一定的外部市场竞争力。

财务困境。

### (三) 重视非经济性薪酬的运用

一般来说，企业组织成员除了希望获得大量的物质报酬外，也希望得到一定的非经济性报酬，有时候也把它称为精神薪酬。具体而言，就是指那些基于工作任务本身所带来的可以对员工内在心理进行效用评价的东西。比如，工作的挑战性、工作成就感、任务的丰富多彩性、个人发展的机会、获得尊重以及工作责任感等。现代企业实践表明，尤其是对于那些知识型的管理人员和技术人员，也就是我们常常说的核心员工，非经济性薪酬有时候可能对他们会更加有吸引力一些，实证研究也证明了精神薪酬和员工的工作满意度之间具有显著的相关关系①。所以，企业的高层管理者必须针对不同类型和要求的员工，并根据他们在不同方面的个性化需求差异程度，设计不同形式的非经济性薪酬，以满足广大员工精神薪酬方面的需要。

总之，紧紧跟上现代薪酬管理的发展趋势，遵循成功企业的薪酬管理经验，并根据企业组织内部的具体实际情况，摸索出一套真正适合企业内部情境，并且可以促进企业稳定、长期和可持续发展的薪酬管理制度，是实现企业组织内部和谐的重要举措。

## 第四节 构造创新型企业思想政治工作

### 一、企业思想政治工作的性质及内容构成

#### (一) 企业思想政治工作的性质

构建和谐企业，既需要有雄厚的经济基础和物质财富作为条件，也需要有强有力的思想政治工作作为保障。企业思想政治工作的性质，具有政治性、经济性和社会性三个特点。所谓政治性，体现的是思想政治工作的本质特征，即强调企业组织发展的社会主义方向，也就是企业为人民服务和为国家服务的基本属性；所谓经济性，体现的是企业思想政治工作既要服务于国家经济建设的根本目标，又必须从实际出发，以促进企业经济效益的不断提高；所谓社会性，体现的是企业作为社会的一个细胞，其发展既要为社会主

---

① 李伟：《组织行为学》，武汉大学出版社，2012年版，第176-177页。

义物质文明的建设发挥积极作用,又要推动社会主义精神文明的不断提高。因此,企业的思想政治工作必须从促进企业长期、快速和协调发展的要求来做总体谋划,进行社会主义和谐企业的建设。

### (二) 企业思想政治工作的内容构成

现阶段,企业组织思想政治工作的内容构成,主要是按照科学发展观和以员工为本的要求,从企业实践出发,通过发挥思想政治工作政治性、经济性和社会性的特点及性质,积极调动员工的工作积极性,以不断提高企业的经济效益和社会效益,促进社会主义和谐企业的建设。具体而言,主要包括:首先,构建和谐企业是企业思想政治工作的价值取向。思想政治工作可以提升员工的文明修养状况,积极营造稳定和谐的组织环境、人际关系环境,以实际行动尊重员工、关心员工、理解员工、成就员工和教育员工,实现思想政治工作与普通大众员工们的"零距离"。其次,坚持以员工为本是企业思想政治工作的出发点。企业思想政治工作的出发点,就是要在组织内部为广大员工创建一个和谐的工作环境,有针对性地解决员工个人的思想工作问题和实际生活问题,以和谐的环境凝聚人心,从而在根本上谋求最大限度的正效应。再次,协调员工与企业的发展目标是企业思想政治工作的重点。企业组织的思想政治工作,要让员工充分认识自己的个人的发展目标,并将个人的发展目标与企业的发展目标紧密地结合在一起,不断通过组织的力量来增强员工个人的力量,最终实现组织与员工个人的双赢;最后,打造企业和谐团队是企业思想政治工作的切入点。社会主义和谐企业的建设,有赖于企业内部和谐团队组织形式的创建与支持。而企业组织思想政治工作的不断开展,恰恰有利于打造和谐的工作团队。具体来说,思想政治工作可以为员工素质的提升提供持续不断的动力,可以通过一定的政治导向,使员工们在追求物质财富的同时,精神财富的追求也能够得到内化,并通过集体或团队目标的确立和激励,使员工在群体中实现个人的全面发展,从而建设一支成员综合素质全面提升的工作团队。

## 二、思想政治工作在构建和谐企业中的作用

### (一) 协调作用

在企业具体的思想政治工作活动中,管理者和经营者可以通过相互协商和相互沟通的方式,调适员工的心理状态,从而消除员工的心理障碍,化解

各种冲突与矛盾。因此，企业的思想政治工作，是在帮助员工个人不断地协调各种矛盾，使经济关系和利益关系重新得到调整，从而使企业员工的心理与行为能够与企业目标趋于一致，最终促进和谐企业的构建工作。

### （二）导向作用

企业组织思想政治工作的导向作用主要体现在两个方面：一方面，引导员工正确处理长远利益与当前利益之间的关系。有时候，一个人的长远利益与当前利益是不能够获得统一的，会产生各种矛盾。然而，企业的思想政治工作，却可以引导员工认清长远利益是当前利益的源泉，正确处理长远利益与当前利益之间的关系。另一方面，引导员工正确处理个人利益与集体利益之间的关系。有时候，员工的个人利益与集体利益常常是不一致的，也会存在相互矛盾的情况。而企业的思想政治工作，可以结合具体的实际情况，向员工讲清楚个人利益与集体利益之间的关系，使个人利益在一定程度上服从于集体利益，在保证集体利益得以实现的前提下，引导广大员工合理、合法地追求自身利益的实现。

### （三）激励作用

在实践中，激励作用常常是通过一些思想政治工作方法，激发员工的工作动机，调动成员们的工作积极性，来实现激励目标。这种切实有效的思想政治工作，有时候可以为广大员工提供强大的精神动力。只有充分发挥思想政治工作的激励作用，企业的所有员工才能形成一条心、拧成一股绳，企业的人心才能凝聚在一起，进而激起他们的成就感，以及深入透彻地了解企业改革与发展的任务、目标和美好前景的愿望，能够自觉为企业组织的变革与发展，承担起成员甚至主人翁所应该承担的义务和责任。

### （四）凝聚作用

思想政治工作具有明显的成员凝聚作用。具体而言，企业的管理者通过培养员工的团队精神，以及共同的价值观来实现企业的组织凝聚力。在实践中常常可以发现，广大员工对组织发展的宗旨、信念和目标的认同度、认知度、满意度，恰恰是检验企业思想政治工作凝聚作用的一个重要标准。

## 三、创新思想政治工作促进企业和谐发展

随着中国企业改革的不断推进，出现了一系列新形势和新情况，给企业

员工的传统思想与观念、价值观和惯性思维都带来了一定的影响和冲击，也使企业组织的思想政治工作面临着更多的新问题和困难。为此，企业组织的思想政治工作必须运用一定的科学理论和方法，在具体的工作内容上不断有所创新，积极有效地适应社会主义和谐企业建设的新需要。具体而言，包括如下内容：首先，企业的思想政治工作必须在遵守国家法律、法规和规章的基础上，紧紧围绕以提高企业经济效益为中心工作，大力进行思想政治工作领导机制方面的创新。根据企业管理实践，面对建设社会主义和谐企业的新要求，企业思想政治工作可以形成一种全方位、多层次的工作格局或领导机制。其次，企业组织的思想政治工作必须坚持以员工为本的理念，增强针对性。为此，要关注企业在遵守国家法律、法规和规章上员工的思想反应和动向。要关注员工因为某些利益不平衡造成的心理承受能力问题。要关注企业用人机制和岗位竞争的矛盾问题，广泛运用一系列科学知识及现代化的手段，积极有效地解决员工工作和生活中的实际问题。具有一定的针对性，才能真正使企业组织的思想政治工作获得贯彻实施并落到实处。最后，企业思想政治工作应该根据构建社会主义和谐企业的目标需要，积极创新工作方法。在企业管理过程中，需要企业组织运用适当的物质激励和精神激励等方法方面的创新，来解决员工在工作和生活中的思想问题。另外，要制定新的思想政治工作政策，不断提高核心员工的工作与生活待遇，这也是一种思想政治工作的方法创新。除此之外，也要考虑使用组织发展的美好愿景来凝聚人心，运用现代化的宣传手段和沟通工具，如微博、微信等形式，加快企业、团队或者员工之间的信息沟通交流。通过以上的创新方法，使得企业组织的思想政治工作更加具有亲和力。

### 四、非公有制企业和谐建设中思想政治工作的创新

#### （一）加强非公有制企业思想政治工作的意义

非公有制经济的迅速发展，使得思想政治领域出现了新的阵地。在新的形势下，加强非公有制企业的思想政治工作，做好非公有制企业的思想政治工作十分必要，具有重要的意义。

一方面，加强非公有制企业思想政治工作有助于促进社会主义市场经济体制，促进非公有制经济的健康发展。不容置疑的是，非公有制企业的发展对中国经济和社会的发展做出了巨大的贡献，然而在现实经济生活中有相当部分非公有制企业，存在着偷税漏税、违法经营、牟取暴利、缺乏诚信等问

题。甚至有些非公有制企业为了追求利润不择手段，以损害消费者的利益和职工的利益为代价。因此，在非公有制企业中加强思想政治工作，充分发挥其政治优势、组织优势和密切联系群众的优势，积极宣传党的方针政策，维护各方的合法权益，以促进非公有制企业的健康发展是非常紧迫也是非常必要的。

另一方面，加强非公有制企业思想政治工作有助于增强社会创造活力。社会活力是指在一定自然历史条件下，一定社会系统内部自然生长的生存与发展能力。社会活力受其所处的社会构成机制所制约，从而会表现出两种可能的状态，一是生气勃勃，生机益然；二是死气沉沉、生机衰败。完善的社会机制和社会体制有助于激发人们的主体性和社会的竞争性，从而使社会生活充满活力，不断向前迈进。而对于非公有制企业中的思想政治工作，则是以其方针、政策通过其基本的组织形式来整合社会不同利益，并最大限度地激发社会活力，实现企业的良性发展，最终实现社会的协调发展。

**（二）当前非公有制企业思想政治工作存在的问题**

随着我国社会主义市场经济的不断发展，非公有制企业在中国整个国民经济中的地位和作用日益凸显。然而，在实际工作中却可以发现，非公有制企业在开展思想政治工作过程中仍然存在着很多问题。主要表现在以下几点：

（1）企业组织对思想政治工作仍不够重视。这主要是源于两个方面的影响，一方面是非公有制经济企业经营体制的影响。虽然我国非公有制企业数量增长很快，但是有相当一部分非公有制企业的组织规模并不是很大，只能算是中小型非公有制企业。对于这类企业而言，其在发展初期很难把注意力放到思想政治工作上；另一方面则是非公有制企业行业的激烈竞争，常常使得企业将更多的时间和精力放在了生产经营上，致使其对思想政治工作不够重视。

（2）企业开展思想政治工作的方式与方法不够多样化。在实践中可以发现，当前非公有制企业开展思想政治工作的方式，主要是集中开展学习培训或者座谈会，是非常机械单一的。因此，采用这种工作方式来开展思想政治工作常常是收效甚微的。

（3）非公有制企业思想政治工作开展对象缺乏稳定性。非公有制企业员工存在着长期流动的趋势，这使得思想政治工作的开展对象不够稳定。这样一来，不仅会增加企业开展工作的财务成本，而且会影响思想政治工作的最终效果。

**(三) 创新非公有制企业中的思想政治工作**

(1) 提高非公有制企业对开展思想政治工作的重视程度。为此，一方面，要从根本上提高非公有制企业对开展思想政治工作的认同感，切实体会到该项工作为企业所带来的好处。具体而言，企业的思想政治工作必须与企业的实际生产、未来发展紧密地结合在一起，使得开展思想政治工作能够明确进一步的长远发展方向。另一方面，党和政府要在非公有制企业中更加重视思想政治工作，有效发挥该项工作的积极作用。例如，党和政府可以对非公有制企业进行政治引导，对非公有制企业的领导者开展政策教育，为非公有制企业进行思想政治工作提供相关的政策保障。

(2) 扩大非公有制企业开展思想政治工作的方式与方法。要借助现代化手段开展思想政治宣传工作。对于新一代的年轻员工而言，传统的思想政治宣传方式已经无法吸引其注意力。因此，非公有制企业要想确保思想政治工作开展的有效性，就必须对宣传方式、工作方式加以改进，充分利用现代化手段。例如，可以通过建立企业党政组织微信公众号，要求员工对该公众号进行关注，不定期发布最新时政信息等方式开展工作。此外，还可以在企业生产或者生活区设置电子屏，通过电子屏这一现代化的传媒手段开展思想政治工作。

(3) 立足于非公有制企业实践探索最为有效的工作方式。对于大多数中小型非公有制企业而言，在短时间内很难改变员工流动性过大这一现象。因此，只有因地制宜，按照企业自身的实际情况探索出一种比较合适、能够更好地发挥效果的工作方式。例如，改变传统的培训说教方式，更多地关注员工工作之外的生活，通过非正式的方式与员工进行生活、心灵上的沟通，了解其真实想法，为其解决工作乃至生活中的各类问题。

# 第四章　企业与外部环境的和谐

现今社会，伴随着全球经济的不断发展和城市化程度的不断提高，引发了许许多多新的社会和环境问题，比如：城市人口膨胀，贫富分化，住房拥挤，交通拥堵，环境污染，等等。其中，环境污染问题表现得非常明显，对人们的生活也是影响最大的。从国外的工业化实践来看，西方发达国家已经取得了举世瞩目的成就，但同时也造成了严重的环境污染事故公害问题。例如：20世纪最早记录的马斯河谷烟雾公害事件、伦敦烟雾事件、多诺拉烟雾事件、洛杉矶光化学烟雾事件、剧毒物污染莱茵河事件、日本骨痛病事件、日本米糠油事件，等等。① 这些都是20世纪环境污染的典型事例，曾经引起了整个世界对企业环境责任的高度关注。而到了21世纪以来，日本发生的福岛核事故问题，又一次地向人们敲醒了环境问题的警钟。

其实，伴随着我国经济的高速发展，在我国也发生着同样的环境污染事故。例如，大连中石油国际储运有限公司原油库输油管道发生爆炸火灾事故，引发大火并造成大量原油泄漏，泄漏原油流入附近海域造成污染，2010年大连中石油国际储运有限公司发生的"10·24"火灾事故，中石油大连石化分公司发生的"7·16"火灾事故和"8·29"爆炸火灾事故，事故造成的经济损失和社会影响重大，周边海域受到污染；汉阴县黄龙金矿尾矿库排洪涵洞尾部相继发生两处塌陷，导致尾矿库附近的与其通过涵洞相连的老城区自来水的主要水源地受到严重污染；沱江川化股份公司水氨氮超标，造成沱江干流特大水污染的"3·02"水污染事故；康菲公司漏油事件，溢油累计造成5500多平方公里海水污染，给渤海海洋生态和渔业生产造成严重影响，导致70多家养虾户总损失预计2.4亿元等；

---

① 董仲义：《企业环境社会责任研究——基于L市工业企业的实证调查》，华中农业大学硕士学位论文，2012年，第3页。

紫金矿业污染事件导致汀江河段污染及大量网箱养鱼死亡,后果非常严重;松花江重大水污染事件;中石油吉林石化公司双苯厂苯胺车间发生爆炸事故;湖南省岳阳县城饮用水源地新墙河发生水污染事件;等等。①

就上述国内外众多事件出现的原因而言,根本上,是企业在经济效益最大化动机的驱动下,盲目地给股东等物质资本投入者追求高额的经济回报率的企业行为使然。这使得很多企业在破坏自然生态平衡的恶行下,不断地追逐他们的经济利润最大值,致使出现了一系列的环境污染事故,直接造成了对自然环境的破坏。很多企业无视自身经济发展与自然环境之间内在平衡关系的态度,引发了企业肆意地向自然界排放各类有毒、污染物质的行为,因为丝毫或从未考虑我们所处自然环境的可承受力,进而给各个国家和地区的经济社会发展,以及人类自身的再生产带来了非常严重的损害和威胁。

综上所述,目前一些地区和企业出现的环境污染的现状,迫切需要有关企业等营利组织,积极有效地把自身企业的长期发展,建立在确保自然环境可持续发展的基础之上,要勇于承担相应的环境社会责任,积极有效地采取一切行动,保持企业组织与外部自然环境的共同和谐发展。

## 第一节 企业与外部环境和谐的基本理论

一、企业与外部环境和谐的内涵

企业与外部环境的和谐,又称为企业环境社会责任,它源于基本的企业社会责任(CSR),是指一个企业在积极追求自身经济效益,或者经济利润最大化的同时,要在实施生产、经营和运作活动的过程中,积极有效地合理利用各种自然资源,并通过一系列的企业组织活动进行有关爱护环境、清洁生产的行为,从而在促进自身经济效益提高的同时,有效地承担保护自然环境的责任和义务。进一步而言,企业环境责任是强调企业组织作为一个国家和地区中的"社会人",在不断追求其自身经济效益和经济发展的同时,还

---

① 国家安全生产监督管理总局:《国务院安委会办公室关于中国石油天然气集团公司在大连所属企业"7·16"输油管道爆炸火灾等4起事故调查处理结果的通报》,安委办(2011)第44号。

要主动地承担起对各类利益相关者或者相关主体的环境义务和责任。保持企业与外部环境的和谐，不仅关系到企业的长期发展，也关系到社会和自然界的可持续发展，其内涵一般涉及两个方面的内容。

### （一）法律方面

从法律方面来看，企业与外部环境的和谐，是企业根据法律、法规和规章等规范性文件，明确规定应当承担的环境保护义务和责任，也就是说，这种义务和责任直接来源于国家的法律制度规定。它的特点主要体现为内容的法定性、具有可操作性、义务的延伸性等内容。一般而言，企业在生产、经营和运作活动过程中，为了使经济、社会和环境得到共同的协调发展，应对环境污染和破坏采取预防、治理和整顿等措施，而这些措施可以通过国家的法律、法规和规章予以明确。目前，通过对我国企业环境责任法制化的研究分析，在实践中可以具体化为收取环境资源税、生态环境补偿、环境补贴、政府绿色采购和环境责任保险等具体措施来实现企业的环境社会责任。从法律角度来看待企业的环境社会责任，可以发现，企业环境保护的实质就是，国家通过立法、执法和司法实践，强调企业对国家、地区和社会中的各类利益相关主体，承担一定的责任和义务的表现。

### （二）企业价值方面

从企业价值方面来看，企业与外部环境的和谐则意味着，要把企业的经济行为提高到与国家和地区的主流社会观念、价值观和对企业组织表现的期望相一致的水平上。具体来说，这类企业环境社会责任常常是通过提高企业社会责任的认识水平，建立统一的标准来维护承担责任所需的机制，发挥政府在推动企业社会责任中的引导作用来实现良好的企业社会责任的。从这个方面而言，企业环境责任有两个方面的内容：一是企业的内在环境责任，即企业组织在利用自然资源进行生产和经营活动时，就要通过各种具体措施来直接承担保护环境的责任和义务；二是企业的外在环境责任，即企业组织要在积极遵守市场中的各种规则以外，还要像自然人一样，通过各式各样的努力和行为来有效地保护环境。这些都强调通过价值层面和实践层面为了企业自身的生存发展和人类共同的利益，要通过企业的角色创新、环境经营、树立生态伦理观等才能化解生态危机，企业也才能在保护好环境的同时获得更大的发展空间。

## 二、企业与外部环境和谐的理论基础

### (一) 环境伦理学理论基础

历来不乏对人与自然进行探讨的理论和学说。不过，在不同的经济社会发展阶段，其主流理论和思想常常并不完全相同。人类社会发展的早期，人们普遍认为，人是这个物质世界和自然环境的中心，所以，世界上生存的其他万事万物，以及其他的物种都应该绝对以人类为中心，要服从于人类经济社会发展的需要。这一时期有关人与环境发展的理论，就是严格地坚持人类中心主义原则，并把它作为一种判断调节、管理和支撑人与自然环境之间各种关系的基本准则、理念和原则。然而，伴随着人类历史车轮的前进和经济社会的不断发展，人们突然发现，这类朴素的人类中心主义理论和思想，显然在自然界带来了许许多多以往连想都不敢想的现实问题，造成各个国家和地区，尤其是那些发达国家的企业肆意排放污染物和垃圾，一些不可再生的自然资源开始日趋匮乏，环境污染问题也呈现出在全球各地蔓延的趋势。这些事件和现象的出现，使得人们开始重新思考人类和自然环境之间的关系。于是，20世纪初期的一些学者和研究者，纷纷先后提出"敬畏生命"、"大地伦理"等一系列的思想，指出人类应该积极有效地采取一切实际行动，转变对我们所处周围自然环境一系列冷淡、漠视和毫不尊重的观念和态度。[1]

而到了20世纪70年代以后，学者和研究者们经过不断地反思，提出了一种人类与自然环境"双赢"和"共赢"的思想，认为人类与其所生存的自然环境之间完全可以实现一种和谐的关系。这种和谐的"双赢"和"共赢"的观念，反映出人类可以与自然环境之间形成一种共生共存的关系，其内涵和深度远远超出以往"人类中心主义"那种朴素的环境伦理学理论。这种新的现代环境伦理学理论，强调了人类与其生存自然环境之间和谐相处的关系，而抛弃了过去传统的人是世界的中心这一基本思想，完全开始平等地看待人与自然界中的其他物种之间的关系，并开始尊重他们。

现代社会中，企业在经济生活中的地位、作用和影响力越来越大，有时一些规模很大的企业甚至可以影响或左右一个国家的社会经济政策。客观来

---

[1] 饶风云：《企业环境社会责任研究》，河南大学硕士学位论文，2012年，第20-21页。

说，企业和社会经济环境包括自然环境之间，是一种相互影响、相互促进、相互推动和相互支持的良性循环关系，也就是说，无论从理论还是实践，双方完全可以形成一种双赢的关系。因此，只要使用的政策和方法合适，二者之间是会形成一种在人类与自然环境共生共存的环境伦理理论和观念的指导下，企业组织的任何生产经营活动行为，都必须严格遵循自然界的运行、进化和发展的基本规律，从而内在地实现了企业与其外界自然环境的和谐。根据这种现代企业环境伦理观念的要求，企业组织必须制定和实施相应的与外界自然环境和谐相处的道德规范，并成为企业开展制度管理的重要内容。其核心是，企业的生产经营活动要以自然伦理为出发点，以人与自然环境的和谐关系为视角，充分尊重生命和自然，并把这种观念渗透到企业的生产经营环境文化当中去。另外，企业环境伦理观念还要求企业为自己造成的外部不经济承担责任，使环境外部性"内部化"，从而有效地避免私人成本社会化所导致的经济无效率情况的出现。总体上而言，这就要求企业的经济行为符合道德伦理的社会要求，要积极主动地承担起对自然环境的社会责任。

现代环境伦理学观念作为企业承担环境责任的理论基础，主要包括以下四个方面的内容：一是人道主义。企业组织的经济效益最大化，应该符合员工的人道精神，企业的一切生产经营活动必须以不损害员工个人，或者其子孙后代的利益为前提。二是资源共享。企业组织在使用各类自然资源时，应该遵循和其他主体资源共享的原则，在谋求自身经济效应和社会效应的同时，尽可能地与它们一起在自然环境中和谐相处，共享重要的自然资源。三是利益平等。企业组织在开展自己的生产经营活动时，要平等兼顾各方相关主体的利益，严格遵循平等协商的原则，从而实现以平等友好的方式推动企业的可持续发展。四是责任承担。企业组织应该树立仅仅实现自身的盈利，并不是企业作为一个社会主体唯一的使命的理念。因此，企业作为环境中的一个社会细胞和社会主体，要积极主动地承担环境社会责任。

### （二）可持续发展理论基础

自20世纪以来，全球人口数量大幅增加，资源紧缺现象加剧，这些都导致世界范围内自然环境恶化的状况明显加剧，迫使人类重新审视自己的行为，在此基础上，可持续发展理论应运而生。一些学者、专家以及实践部门的工作者，开始在坚持世界经济、社会以及资源等可持续发展的基础上，对自然环境问题进行了广泛的关注，比如：杀虫剂的使用、污染的扩散以及它们对人类和其他动植物的影响，等等。1970年，世界环境发展委员会

（WCED）在经过大量的工作以后，正式发布报告，提出了可持续发展的模式。除此之外，值得一提的是，1972年的联合国人类环境会议、1992年的联合国环境与发展会议，以及2002年的可持续发展世界首脑会议，是关于可持续发展的重要国际性会议，是在可持续发展进程中具有里程碑意义的国际会议。这三次会议分别通过了《人类环境行动计划》、《21世纪议程》，以及《可持续发展世界首脑会议实施计划》，而这三个文件彻底使可持续发展理论不断地走向实践。[①]

所谓可持续发展，其基本内涵主要在于，科学合理地处理当代人和未来人类后代之间生存和发展的关系。因为现代人的基本需要在获得满足以后，如果不对其他欲望加以明显的控制，那么人类后代有可能连最基本的需要都不能得到满足，这将是有损人类可持续发展的重要问题。因此，我们必须明白，要合理地处理人类生存需求的正当性，与长期发展的限度性要求之间可能存在的矛盾和冲突。具体而言，当代人对各种资源的消耗必须要时刻为人类后代着想。因为地球自然资源和承载力的有限性，我们当代人要想实现社会经济的可持续发展，就必须尽可能地努力节约资源、有效地使用资源、避免造成对自然环境的破坏。可持续发展理论强调对自然资源的预防和治理并重，整个发展的目标是要坚持实现从自然到经济再到社会的健康持续发展。所以，我们必须改变传统的经济增长模式，在不断发展经济的同时，对资源合理地、有效地加以利用，对经济数量的增长和经济质量的提高，都应该予以关注。

### （三）社会利益观理论基础

在人类社会经济发展的早期，法律自始至终地保护和推崇个人利益，认为个人利益这种绝对的利益，是一个国家、社会、地区和企业追求的根本目标，是一切分歧、争端、冲突乃至战争的根源所在。即使在现今阶段，个人利益在一定程度上也是不断推动社会和企业发展的驱动器之一。关于这一点，有些经济学家认为，个人作为一个国家、地区和社区中的主体和细胞，在采取任何经济行为的时候，都不需要考虑去维护和保护所谓的社会环境利益，因为当人人都从最大化自身利益的角度出发的时候，个体行为将是最优的，也最终自然地和自觉地在全社会实现社会利益的最大

---

[①] 饶风云：《企业环境社会责任研究》，河南大学硕士学位论文，2012年，第22-24页。

化。因此，个人利益绝对化理论成为现代经济社会引导人们行为的主导理论之一。①

然而现实却是，当利益主体双方都过多地关注自己的利益，不可避免地会出现这样那样对自然环境的破坏问题。显然，每个人仅仅从自身的利益出发并采取相应的行动，并不必然达到社会利益的最优保护，并不必然带来社会利益的最大化。有时候，结果却适得其反。所以，很多学者、专家和实践部门的工作者，因为社会问题的凸显，他们开始关注社会利益，并提出了社会利益理论。这种社会利益理论在法学界非常盛行，有时甚至成为个别法律的立法目的或者目标②。实践中，为了缓和社会矛盾，限制企业组织单纯毫无限制的经济活动，企业的社会利益理论应运而生。在社会利益理论的大背景下，很多国家通过立法严格制止纯粹利益取向的市场短期行为和机会主义行为，并把它作为很长时间内经济法律或者企业法律立法的基本价值取向。事实上，企业积极主动地去承担环境社会责任，其本身就是社会利益价值观取向的具体表现和实践形式，并具有一定的社会价值和作用。企业的环境社会责任，其宗旨就是在强调实现整个国家、地区和企业组织的整体经济利益，并通过一系列的实践活动，完全将企业的组织行为置于整个社会利益中加以评价。③

**（四）企业价值最大化理论基础**

企业价值最大化理论，主要是在强调企业的一切活动都是在为了使其自身的价值获得最大化的实现，并在此基础上，把实现企业的长期发展看做是企业的根本宗旨。在企业组织的实际活动中，企业常常通过财务经济上的有效经营，以不断实现利润的最大化，实际上就是为了对各类利益相关者的利益给予满足，尤其是对企业外部环境利益的满足。这种理论基本上克服了企业经营者的短期行为思想，满足了环境等利益相关者的要求，就更能促使企业履行社会责任，促进企业与外部环境的和谐。根据这种理论，要想实现企

---

① 亚当·斯密：《国民财富的性质和原因的研究》（下卷），商务印书馆，1974年版，第27页。
② 张乃根：《西方法哲学史纲》，中国政法大学出版社，2002年版，第304-306页。
③ 谷春德：《西方法律思想史》，中国人民大学出版社，2006年版，第349-350页。

业价值的最大化,可以通过积极有效地不断降低资金的运营成本、增加现金流动的数量并使其最大化、提高或提升组织获得长期和可持续发展的能力等措施和办法。它们可以实现,在充分尊重和满足企业各相关利益主体的基本利益要求的基础上,完善企业的资本投入,更好地做好市场开拓、风险管理、产品开发等相关企业价值的大小的各方面企业运营工作,最终促使企业组织更好地履行相关社会责任。①

（五）股东财富最大化理论基础

股东财富最大化是指一个企业组织,不断通过提升经济效益的生产、经营和运作,尽可能地为广大股东创造更多的财富。可以看出,这种理论有其一定的局限性,因此,现代企业理论对传统的股东财富最大化理论进行了修订,强调企业必须同时追求股东财富的最大化和社会利益的最大化,二者都要得到关注。只有这样,企业在自我的生产、经营和管理行为活动中,才能有效地使股东的收益在不断提高的同时,又能在一系列的实践活动中,积极关注有关利益相关者的各种要求。

现代企业股东财富最大化的目标选择,充分考虑了对经济利益和社会利益的统筹兼顾,在一定程度上有效地克服了企业在追求利润上的短期行为,充分体现了企业组织资产保值增值的要求,从而使得企业选择追求利润最大化的目标时,重视对环境的保护,相应地,企业的长期持续发展也就获得了制度和经营上的保障。

（六）相关利益者理论基础

利益相关者是这样一些群体,他们和企业组织的发展密切相关,不考虑他们的利益要求,企业组织就很难实现一种长期发展。一般来说,利益相关者主要包括员工、股东、供应商、销售商、社区和环境等,因为利益相关者依赖企业来实现自己的目标,而企业也依靠他们来维持生存。在现代企业实践中,利益相关者理论可以被应用到各个领域当中,不过其影响最大的实际应用,当属与社会责任之间的紧密联系。在很多有关公司社会责任的实践分析和研究当中,利益相关者理论无意成为企业社会责任分析的理论基础。就企业环境社会责任而言,自然环境显然是被当做一种利益相关者主体来看待的。就自然环境成为一个企业组织的利益相关者来说,和其他利益相关者一

---

① 高桂林:《公司的环境责任研究》,中国法制出版社,2005年版,第90-94页。

### 第四章　企业与外部环境的和谐

样,主要是基于其与企业之间具有依存的关系,双方之间也是相互影响的,而且企业的发展也用到了各种自然环境中存在的一系列资源,自然环境保护情况也确实有赖于企业在生产经营活动中,不断规范自己的行为,积极承担一定的责任。[①] 目前,利益相关者理论是企业承担社会环境责任最主要,也是影响最大的理论基础。

### 三、社会文明进步与和谐社会发展

#### (一) 社会文明进步的概念

社会文明进步是指人类社会在初步脱离野蛮、愚昧状态之后,逐渐进步的程度和开化的状态。人类社会形成时,人们在社会交往、社会关系、社会群体、社会组织中的生活就是社会生活,社会生活的进步状态就是社会文明。值得注意的是,十六大在论述建设小康社会的目标时,强调了社会学研究中作为社会建设主要内容的"可持续发展"、"生态环境"、"资源利用"、"人与自然的和谐"等命题,而且还指出,要"推动整个社会走上生产发展、生活富裕、生态良好的文明发展道路"。这实际上已经提出了"社会文明进步"建设的目标,那就是"三生",即"生产发展、生活富裕、生态良好"。

#### (二) 在构建和谐社会中建设社会文明

构建和谐社会与建设社会文明是内在统一的,它们相互联系、相互促进。一方面,构建和谐社会呼唤社会文明。社会文明随着和谐社会的构建而日益显现,没有和谐社会的构建就没有今天社会文明的诞生。另一方面,社会文明建设又能促进和谐社会的构建。因为社会文明建设能够促进新的社会生活观念、社会生活方式、社会交往方式的形成;促进社会组织的健康发展和良好运作,形成和谐的社会关系,促使社会既安定有序又充满活力;创新社会管理体制、整合社会管理资源、提高社会管理水平,推动社会事业的发展,从而大大促进和谐社会的构建。建设社会文明,是一项长期的、系统的工程。这就要求我们从实际出发,重点做好以下几方面的工作:

(1) 调动一切积极因素,激发社会创造活力。社会活力是社会文明进

---

① 刘俊海:《公司的社会责任》,法律出版社,1999年版,第35-46页。.

步的基础和条件，社会活力不断增强，是现代文明社会的重要标志。社会主义和谐社会的创造活力，集中体现在社会成员积极性、主动性、创造性的充分发挥和切实保证上。随着改革开放的深入发展，我国社会的阶层结构发生了深刻变化。我们要激发社会活力，就必须把全体人民各个阶层的聪明才智发挥出来，最广泛最充分地调动一切积极因素，不断为中华民族的伟大复兴增添新力量。这就要求我们坚持尊重劳动、尊重知识、尊重人才、尊重创造的方针，正确反映和兼顾不同方面群众的利益，使一切有利于社会进步的创造愿望得到尊重、创造活动得到支持、创造才能得到发挥、创造成果得到肯定，让一切生产要素的活力竞相迸发，一切创造社会财富的源泉充分涌流，形成人人想干事、人人能干事、人人干成事的社会环境。

（2）妥善协调利益关系，有效化解社会矛盾。理顺社会利益关系，化解社会利益矛盾，构建公平、合理的社会利益格局，是社会文明建设的重要目标和基本要求。随着改革开放和社会主义市场经济的深入发展，在协调社会利益关系方面，我们已经积累了一些比较成功的经验，但是，我们今天面对的问题已经发生了很大变化，解决的途径和办法也必须相应有所改变。在这样的新形势下，党和政府必须按照与时俱进的要求，妥善协调和处理好各方面的利益关系，正确反映和兼顾不同方面群众的利益，进一步密切党同各阶层群众的联系，最大限度地整合不同的利益群体，及时有效地化解各种社会矛盾。

（3）理顺收入分配关系，完善社会保障体系。调节收入分配，理顺收入分配关系，促进社会公平，实现社会稳定是推进社会文明建设的重要举措。收入分配的问题处理起来比较复杂，牵扯到多方面的利益，应采取积极、慎重、稳妥的方针。理顺收入分配秩序的切入点，一是完善和逐步统一公务员的工资制度；二是加大税收制度的改革和监管力度；三是调整在政府服务、司法服务、义务教育、公共卫生等领域实际存在的"创收"政策，逐步用合理的规范的制度代替不合理的制度，让公共事业走上健康的轨道。社会保障是社会生活稳定的重要机制，是社会文明建设的基本内容。我们要动员各种社会资源，形成包括社会保险、社会救助、社会福利以及与慈善事业相衔接的社会保障体系，构建和编织更加普遍的社会安全网和社会支持网。一是要完善城镇职工基本养老和基本医疗、失业、工伤、生育保险制度；二是要继续发展社会福利、社会救济、优抚安置和社会互助等社会保障事业；三是要建立可靠、稳定的社会保障资金筹措机制；四是要合理确定社会保障的范围、标准和方式。

（4）建立健全社会预警体系，提高保障公共安全和处置突发事件的能力。健全的社会预警体系，是现代社会的一个重要标志，因此，把建立健全社会预警体系提高到建设社会文明的战略高度十分必要。为此，一要建立完整的社会信息反馈网络；二要形成统一指挥、功能齐全、反应灵敏、运转高效的应急机制；三要建立完备的突发事件管理制度和紧急状态法律法规。

（5）加强社会管理，推进社会管理体制创新。加强社会管理是社会文明建设的核心内容。要深入研究社会管理规律，创新管理方式，完善社会管理体系和政策法规，整合社会资源，拓宽服务领域，形成社会管理和社会服务的合力，努力促进社会建设事业的发展。一是要建立健全"党委领导、政府负责、社会协同、公众参与"的社会管理格局；二是要充分发挥基层党组织和共产党员凝聚人心、服务群众的作用；三是要充分发挥城乡基层自治组织协调利益、化解矛盾、排忧解难的作用；四是要充分发挥社团、行业组织和社会中介组织提供服务、反映诉求、规范行为的作用。

## 第二节 我国企业环境社会责任制度的现状或问题

为了有效地遏制企业损害自然环境的各种行为，我国已根据现实国情的需要，建立了一系列制度，并采取了积极的应对措施，例如《循环经济促进法》在2008年颁布。但对比其他实施该制度相对成熟的国家，我国在企业环境社会责任制度建设方面，还存在着许多不足的方面。

### 一、相关立法理念有待更新

传统的经济学把企业看做为一个纯粹的"经济人"，认为企业是以经济利益或利润的最大化作为自身唯一的追求目标。在这种理论前提下，要么认为根本不存在所谓的社会利益，要么主张所谓的社会利益实现是完全以企业的经济利益的实现为基础，也就是说，实现社会利益的目的在于最大化企业自身的经济效益。由此，可以看出，企业经常是把谋求自身经济利益的最大化作为基础和目标，根本就不关注其组织行为对自然环境所造成或者可能造成的负面影响，更别提对自然环境的保护问题了。

这种对企业追求目标的过分经济主张，使得国家法律更加倡导对所谓企业组织经济利益追求的保护，也造成了企业"经济人"理论在法学理论和实务上的体现。以此为基础建立的法律制度，其在立法上的表现就是，片面追求经济效率以及企业组织的权利。①

显然,这种简单化的纯粹经济思维方式,忽视了自然环境对人类生存的贡献和价值,更不可能将对自然环境的保护积极有效地纳入企业的生产经营活动过程当中。因此,在实践中我们常常发现,在这种企业"经济人"理论的影响下,是没有企业社会责任的概念,更不谈让企业承担环境社会责任。

现阶段,根据国内企业实践,可以发现,企业纯粹被看做是"经济人",很多企业环境社会责任观念落后,常常缺乏循环经济的理念,使得企业在承担环境社会责任的实践活动中收效甚微,少数企业根本不承担公司社会责任。我国现有的企业环境社会责任的法律制度约束规定的不足,直接导致了对很多企业难以起到环境保护的目的。

## 二、政府环境责任制度建设有待加强

早在2003年,我国就已经公布了《政府采购法》,但只是笼统地在第9条作了原则性的规定,如实现经济社会发展成为政府采购的指导标准,环境保护只是作为其中的一项而已。而后续推出的《节能产品政府采购实施意见》、《环境标志产品政府采购实施意见》等,也都明显缺乏具体的规定措施,对环境责任实践行为的指导作用并不大。另外,就一项具体的采购制度而言,我国从2006年就公布了首期的政府绿色采购清单,然而到现在已经是第九期了,产品的种类也已达到二十四种,但是更新速度不快。② 而且,我国政府绿色采购的优惠方式也只限优先采购一种,这么少的方式对推动和激励企业走节能环保的新型发展之路的建设作用是远远不够的。

除此之外,值得我们注意的一点是,政府采购是一个极其敏感的政府活动领域或者行为,在这个领域或活动中,很容易就出现权力寻租问题或现象,这显然不利于政府广泛绿色采购对企业积极承担环境社会责任行为的有效引导。而且,在现实实践中,对于现代发达国家在推进环境社会责任承担方面,比较有价值的设置环境损害赔偿基金而言,我国根本就没有建立这样

---

① 吕忠梅:《论革命的环境法》,http://www.civillaw.com.cn/article/default.asp?id=8794,2011-12-20。
② 饶风云:《企业环境社会责任研究》,河南大学硕士学位论文,2012年,第24页。

的制度。①

### 三、企业环境责任制度缺乏可操作性

除去政府积极推行的绿色采购制度以外,我国有关企业内部承担环境社会责任方面的许多制度规定也较为原则,缺乏具体的可操作性。因为这些国家明确的原则性的规定要想积极有效地发挥作用,就需要相关的具体配套措施和实施办法来进一步予以落实。为此,我们国家可以向一些发达的西方国家学习,在我国政府和企业实践中,引入和完善生产者责任延伸制度、企业环境监督员制度、环境会计制度等,积极有效地促使企业组织来承担环境社会责任。

企业仅关注自身经济利益最大化而不顾自然环境的行为,已经广泛地受到社会各界的谴责。国家环境保护部(原国家环保总局)曾在2003年就推出了企业环境监督员制度,以期约束企业能够自主地管理环境。并且,《关于深化企业环境监督员制度试点工作的通知》及《企业环境监督员制度建设指南(暂行)》在2008年也将企业环境监督员制度明确地规定了下来。然而,这些规定也仅仅只是一些部门的规范性文件,缺乏一定的强制执行力。而且,相关行政管理机构的工作人员和工作机构的独立性也不够,企业对这些机构的设立和人员的安排具有很大的随意性。可以想象,一个独立性不够高的机构及其工作人员,机构设立以及人事安排又具有随意性,如何能够有效地促进环境监督制度的落实。

另外,当前《循环经济促进法》的具体规定,对于生产者责任延伸制度的明确设立,具有重大的意义和作用。但是,该法律仅仅只规定了生产者的责任,而没有具体规定消费者和销售者的责任,从而使得该制度的全面推行很难进行。另外,提到环境会计制度,我国在实践中的不足之处就表现得更多了。②

### 四、社会公众对企业环境责任监督不足

在一个国家和地区,社会公众由于人数众多,代表性又非常广泛,因而

---

① 吕忠梅:《论革命的环境法》,http://www.civillaw.com.cn/article/default.asp?id=8794,2011-12-20。
② 饶风云:《企业环境社会责任研究》,河南大学硕士学位论文,2012年,第23-25页。

具有非常强大的监督力量和优势。另外,他们也是环境污染的直接承受者和感受者,因此,从监督的动机来看,事实上社会公众可能更有意愿去监督企业的环境责任问题。然而,在中国的现实却是,我国的广大社会公众,对参与监督企业保护环境,履行社会责任的积极性不高。之所以如此,原因是多方面的,不过,中国环境信息公开制度和环境公益诉讼制度的不健全和不完善,就是其中很重要的原因和根源。

一方面,就环境信息公开制度而言,我国政府早在2003年就已经由原来的国家环保总局公布了《关于企业环境信息公开的公告》。然而,其规定的内容,只是针对上市公司的环境信息公开问题的,并没有对更多的其他类型的公司和企业作专门的明确规定约束和要求。另外,就这些规定的条款表述来看,仍然是太过原则性,缺乏大量具体的可操作的方式、办法和措施等方面的内容,因此,造成的结果就是执行力和强制力都不够,不能达到规定所应该达到的要求。另外,"环境信息"的内容是什么,涉及哪些方面以及涵盖面,都没有具体清晰的说明。还有就是,对没有有效公开环境信息的企业组织,也没有明确规定政府该如何进行有力的处罚,更无从谈起具体的处罚措施了。[1]

另一方面,就环境公益诉讼制度而言,我国目前也缺乏明确的指导性规定,导致诉讼实践无法执行。而且,在中国的传统文化中里,人是不言诉的,这也导致了环境公益诉讼制度在中国不能得到有效实现。因此,这一制度的障碍也许正是部分企业罔顾环境保护的根源之一。

## 第三节 民主法治与和谐企业制度环境建设

构建和谐企业关系到经济社会的协调发展和长治久安,企业作为政府管理经济的重要基础和载体,在明确构建社会主义和谐企业战略目标的同时,必须认真研究实现这一战略目标的制度环境。从这个角度而言,必须在我国大力健全和完善民主法治制度建设,为构建社会主义和谐企业创造良好的制度平台。

---

[1] 饶风云:《企业环境社会责任研究》,河南大学硕士学位论文,2012年,第25-26页。

## 一、建设民主法治制度环境，构建和谐企业

### (一) 民主法治所维系和推进的秩序是社会主义和谐企业形成的标志

一般而言，"秩序"代表的是自然界和人类社会发展、变化的规律性现象，意味着一种自然或社会系统构成要素之间有序的状态。因此可以说，秩序本身就是和谐企业内涵中的应有之义，是其形成和建设的基本标志和必要条件，而人类积极追求和倡导的民主法治精神和信念，对于建设和维系社会主义和谐企业所需要体现的秩序具有重要的作用，并成为其构建的外部制度环境。具体而言，主要包括如下内容：

第一，民主法治以追求有序作为基本价值体现，有利于创建和形成社会主义和谐企业发展与运行有序的状态。一般说来，国家和政府通过建立和完善一系列法律、法规制度来开展民主法治建设，以建立和形成某种秩序为目的，从而使企业在生产经营、运作管理、服务加工和企业文化等各个方面都做到有章可循，各个利益主体各尽所能，各得其所而又和谐相处。

第二，民主法治是有效维系企业良好秩序的重要手段，为构建社会主义和谐企业提供严格的秩序保障。国家和政府通过民主法治建设所确立的一系列行为规则和运作程序，既有一定的民主基础和群众基础，又有一定的强制力和威慑力，从而使企业在法律、法规制度的范围内协调、支配人的行为，进而控制无序与混乱状态，有效地预防和解决各类企业组织的内部纠纷，消除各种不安定因素的产生，最终保证社会主义企业活动正常有序地开展进行。

### (二) 民主法治所维护的人权是和谐企业形成的基础

严格来讲，我们所要建设的和谐社会或和谐企业，其根本宗旨就是"以人为本"。和谐理念和精神必然是建立在充分尊重和保障人权的基础之上的，如果没有最基本人权的普遍实现，就不可能达到真正意义上的和谐。从这个角度而言，民主法治所体现的人本精神和尊重人权，恰恰是构建社会主义和谐企业的重要基础条件。具体而言，主要包括如下内容：

第一，从人权的内涵看，人权，是民生之权力，是随着人类社会的发展不断发展的历史概念。离开民主法治谈人权，人权就会成为空中楼阁，反过来离开人权谈民主法治就会使民主法治丧失其赖以生存的价值基础。

第二，民主法治是实现人权的可靠形式。一方面，民主法治为人权的实

现提供了相关的制度、体制和机制保障。在中国这个社会主义国家，无论哪种制度、体制、工作机制，最终都是以人民（反映在企业中就是员工）的根本利益和长远利益为出发点和落脚点的，从而在根本上应尊重、维护和保障员工的合法权益。另一方面，国家的民主法治又会为人权的全面和充分实现，提供法律、法规等制度依据。值得一提的是，民主法治作为一个国家较为宏观的制度环境，其实充分体现民主法治的人权观念在企业内部管理制度中也有体现，这是民主法治人权观念在企业日常管理制度上的有效延伸，关于这点与本章主题无关，在此不做阐述。

**（三）民主法治所彰显的公平正义是和谐企业形成的有效条件**

一般意义上来讲，只有切实维护和实现公平正义，使社会成员、企业组织成员能够得到意味着权利平等、分配合理、机会均等的利益分配，人们的心情才能舒畅，人际关系才能协调，积极性、主动性和创造性才能发挥出来，建设社会主义和谐企业才会具备深厚的基础。事实上，从民主法治建设的基本要义来看，其是有利于维护和实现公平正义，进而促进社会主义和谐企业建设的。具体而言，主要包括如下内容：

第一，公平正义是民主法治制度建设的基本宗旨和根本目标，本身就蕴藏于民主法治的丰富内涵之中，民主法治只有实现全面的公平正义，才能确定其合理存在的缘由。

第二，民主法治制度是实现公平正义的有效方式和重要手段。常识经验告诉我们，正义仅仅靠个人的美德是难以获得维持的，必须充分依靠法治的强制手段来促进实现。国家的法律和法规是在广大人民群众意愿的基础上产生的，体现的是广大人民群众的根本愿望和需求，所以说，包含公平正义原则的民主法治制度，是能够有效地保证社会成员和企业员工合理的需求和合法的利益实现的。

第三，民主法治建设能使指导分配的公平正义原则制度化、规则化、程序化。国家法律、法规以及规章制度经常通过明确权利和义务，对社会资源、企业资源进行权威性的、公正的和有序的分配，不仅可以为有效地解决社会和企业组织冲突提供依据，而且可以为公正地解决冲突提供规则和程序，最终使企业成为资源分配公平、群体利益均衡、人际关系协调的和谐企业。

### (四) 民主法治所追求的效益是社会主义和谐企业建设的目标

企业必然以追求经济效益为根本目的，社会主义和谐企业同样如此。而民主法治制度能够为企业追求效益，从制度环境方面提供帮助和支持。具体而言，主要包括如下内容：

第一，民主法治以效益为根本价值取向。民主法制作为一种治国治企方略或利益调控方式，必然与经济社会和经济组织的效益宗旨相一致，即有利于人的解放与发展，有利于生产力的进步与提高，有利于资源的合理配置、高效利用和有效保护。

第二，民主法治是促进效率的重要保障。企业在依法治企的框架下，一方面是社会法制的重要载体，另一方面具有内部的民主法治环境，在依靠职工群众管理企业的同时，企业内部以效益为中心形成的经营制度、管理制度、分配制度等一系列制度法规，在责、权、利相结合的基础上明确权利和义务，保障资源的优化配置和合理使用，使法治内在的有利于获得最大化效益的经济逻辑和宗旨得以实现。

第三，法治是实现效益最大化、持续化的重要推动力量。一方面，法律确认并保障个人物质利益，赋予人们追求物质利益并为之奋斗的正当权利，激励人们在法定范围内尽其所能地实现物质利益，使资源得以最有效地利用，同时，还要权衡和调节各种利益冲突，以便把对立和摩擦造成的资源浪费减少到最低程度。另一方面，法律确认和保护产权关系，赋予了人们对资源的占有权和使用权，并对财产权的转移提供便利和保障，使财产所有者有权排除他人对自己财产的侵犯或夺取，鼓励人们有信心和动力投入资源，创造和发展财富，为追求效益而占有、使用或转让财产，并使资源从低效益的利用转移到高效益的利用，充分发挥其应有的价值。

## 二、构建和谐企业进程中的民主法治制度建设措施

### (一) 明确企业民主法治建设的指导原则和任务目标

要从加强企业物质文明、精神文明、政治文明建设，促进企业持续稳健发展的战略高度，把企业民主法治建设纳入重要议事日程。具体包括如下几个方面：

第一，必须明确工作目标。企业民主法治建设必须以构建学习进取、效率优先、民主和谐、公平公正、诚信合作、安全稳健、规范有序、协调发展

的社会主义和谐企业为根本目标。

第二,必须围绕发展中心。企业民主法治建设要始终以企业生产经营和改革发展为工作中心,服从并服务于企业的持续稳健发展。

第三,必须坚持两个方针。要始终坚持依靠员工办企业的方针,始终坚持依法治企的方针,把民主化、法治化建设融入企业的经营管理和改革发展的全过程。

第四,必须把握三个重点。全面提高企业员工的法律素质,切实增强企业管理者依法办事的能力,不断提升企业经营管理的民主化、法治化水平。

第五,努力实现四项任务。实现营造企业和谐氛围、树立企业诚信品牌、规避企业经营风险、保障企业有序发展。

(二) 营造民主法治建设的文化氛围

要把加强法治文化建设,营造浓厚的民主法治文化氛围,作为推进企业民主法治建设的重要基础性工作。具体而言,主要包括以下几个方面的内容:

第一,深刻认识有中国特色的现代法治文化的性质与特点。中国特色的现代法治文化,是在市场经济、民主政治、精神文明建设的社会条件下应运而生的,是西方文明成果的法治观念与具有历史传统的中国文化的契合,即以"正义"为价值取向、以西方法治文化为范式、以传统中国法律文化为根基的,显性文化与隐性文化相统一的社会主义法治文化。在显性结构层面上表现为良好的法律规则和法治原则、完备的法律制度和法治体系;在隐性结构层面上表现为与显性法治文化相适应的社会主体的法治思想、法治观念、法治心理等法治意识形态。而现实状况是:制度是现代化的或近于现代化的,意识却是传统的或近于传统的。因此,实现显性法治文化与隐性法治文化的协调统一,努力构建与显性法治文化相适应的隐性法治文化,是法治文化建设的重中之重。

第二,大力弘扬崇尚法治、法律主治的法治精神。在中华民族的发展史上,由于过分依赖自然经济而疏离了商品经济社会的自由、权利等理念;由于经济实力的低下而滋生了平均主义,缺乏平等竞争意识;由于温饱型的消费结构而培育出了安于现状,不思变革的心理定式等,形成了宗法制度下重权轻法、重情轻理、重义轻利等一系列人治思想,至今仍影响着中国社会人们的法治心理。因此,必须大力倡导和弘扬信仰法、崇尚法的法治精神。

第三,努力提高企业人员的法律素质。对企业高层管理者,要使他们对内熟悉与企业管理有关的法律法规知识，对外了解企业经营和生存发展的法律环境，能够严格依法决策、依法处理企业重大事项和经济纠纷；对企业中层管理者要使他们熟悉市场经济的法律法规和企业经营管理的法律知识，能够把握市场竞争的规则，依法经营、依法管理、依法维护企业和员工的合法权益；对企业员工，要使他们熟悉与自己的工作和生活息息相关的法律规定和法律知识，能够在合规合法的框架内实现自己的利益，保障自己的权益。

### （三）完善民主法治建设的制度体系

制度问题更具有根本性、全局性、稳定性和长期性，对于规避企业风险、保障企业利益、促进稳定发展具有重要意义。建立民主化、法治化的企业内部环境，关键在于加强制度建设，完善有效机制。具体而言，主要包括如下几个方面的内容：

第一，要按照《中华人民共和国公司法》的要求，抓住企业改革改制的有利时机，建立和完善与社会主义市场经济体制相适应的资本社会化的现代企业制度。要在国有资产管理体制上，实现国有资产出资人到位；在公司制改革中，实现股权多元化，促进企业经营机制的转变；在公司法人治理结构上，实现股东会、董事会、监事会和经理层各负其责、协调高效运转的组织管理模式。

第二，要进一步建立和完善以财务管理为核心的经营管理制度，构建企业内部良性发展的法治环境和工作机制。要坚持以发展为目的，贴近市场、贴近经营、贴近员工、贴近实际、与时俱进、改革创新，形成充分体现规范有序、公平正义、效率优先、激励制约的法治原则的企业内部资本运行机制、市场营销机制、激励分配机制、成本控制机制、职业诚信管理机制、人力资源开发机制等方面的制度体系，使企业内部的各项事务、各项工作在秩序规则、合作和谐、活力互动、科学高效的制度环境中运作。

第三，建立和完善有效制衡的监督保障机制。企业民主法治建设的实质性推进，离不开有效的监督和保障。要实现企业民主法治建设的整体推进，应与加强企业党组织建设相结合，坚持党对企业民主法治建设工作的领导；与企业工会发展的新目标相结合，不断探索企业民主建设的新形式；与企业职业道德建设相结合，培育以诚信为基础的职业道德规范和民主法制意识；与安全生产和社会治安综合治理相结合，强化安全稳定的法治思想。要加强有效监督，提供企业民主法治建设的有力保障。要建立和完善企业民主法治建设的监督管理和综合评价体系，把企业各级管理者学法、用法、执法、守法的情况，纳入党内纪律、民主评议、业绩考核、责任追究、财务监控、经营审计等全方位的监督管理。

第四，要实行法律事务的专业管理，提高企业法治工作的专业化水平。要建立类似法律工作室的专门机构、配备专业人员或实行企业法律顾问制度，为企业重大决策、重大改制、经济纠纷、法律诉讼及企业人员在日常经营管理活动中的法律咨询，提供法律依据和法律保障，在专业化的层面上，保证企业经营管理的合法性、规范性，依法排除问题隐患、规避企业风险、维护企业利益、保障企业和企业员工的合法权益。

## 第四节 我国企业与外部环境和谐的实现路径

### 一、培育企业社会责任意识，实现从经济人向生态人过渡

我国是全世界人口最多、人均资源却较少的最大的发展中国家。目前，我国人多地少的现实，导致人对环境的依存度、依赖度非常高。改革开放以来，我国经济大多是粗放型的增长方式，这种方式的一个基本特点就是资源的利用率很低。再加上许多企业的生产设备落后，直接产生了大量的污染物，对自然和生态环境的损害可想而知。然而现实是我国自然和生态环境的纳污能力有限，已经远远不能满足企业所直接造成的污染量，企业污染物的排放有不断加大的趋势。显然，企业在排污的同时，并没有充分考虑相应的环境需求。伴随着我国市场经济的进一步发展，从政府、地区、企业到广泛的民众，要求治理污染以及环境保护的呼声不断。

为此，要提高政府的环境保护责任意识。目前，政府在治理污染、积极保护环境方面的决心和政策是远远不够的，因为仅仅只是关注大区域的环境状况。随着中央政府一系列促进经济绿色发展政策的出台，中央政府已经不能单一的只以 GDP 的增长率标准来考核地方政府官员，必须增加在治理污染和环境保护方面的考核项目和指标。现在，很多人仍然把企业看作为一种经济人，也就是单纯以追求经济利润最大化为企业的宗旨和目标，或者说，企业要么没有社会责任，要么唯一的责任也是经济效益最大化。另外，不少中小企业的老板、企业主和管理者常常认为，中小企业仍处于原始积累的阶段，只有等到企业做大做强以后，再去关注和承担企业环境社会责任。[1] 显

---

[1] 周沛，高钟：《企业社会工作》，复旦大学出版社，2010年版，第101-103页。

然，这些观念和态度都是错误的，政府必须在管理的过程中，通过不断强化环境保护的意识，促使企业的高层重视环境问题，要让他们树立长期和可持续发展的观念和意识。

因此，企业必须自觉地把自身的生产、经营和运作活动，纳入环境伦理规范，从纯粹追求自身利益最大化的经济人，逐步走向尊重自然和生态环境可持续发展、与自然和生态环境和谐相处的生态人，实现由经济人向生态人的过渡。

## 二、健全企业环境社会责任的激励约束机制

要积极促进企业落实环境社会责任，必须在政府引导、企业自律、消费者选择以及社会监督等方面，完善和健全激励约束机制。

### （一）完善和健全政府对企业的激励约束机制

一般而言，地方政府作为中央政府在地方的环保战略实施者，直接决定了对企业激励约束机制的执行力。然而，事实是，地方政府也有自己的利益目标，导致了中央的很多政策在地方难以有效执行。为此，必须通过不断完善和健全地方政府对企业的激励约束机制，从而使国家的环境保护战略以及相应的环境社会责任得到有效贯彻执行。为此，一方面，地方政府应该因地制宜，由中央或地方政府拨付一定的款项，建立地方的"绿色基金"项目；地方政府通过建立和完善一系列的绿色企业配套措施，构建企业环境信用等级体系，以及激励性生态补偿机制；对于达到排放标准和治理污染效果突出的企业，地方政府相关职能部门要给予一定的物质奖励，比如减免部分企业所得税，或者设置一定的奖励基金等。另一方面，地方政府也要加大对违法、违规排污企业的整治和处罚力度。在设置好企业排污、治污的考核指标和标准的基础之上，对未达到相关评价标准的企业，无论是什么性质的企业，都要严格按照规定进行整治，推进环境保护的行业整合；而对于未达到评价标准，而且造成一定后果、情节严重的企业，要严格处罚，绝不姑息。

1. 环境税

环境税有着广泛的征收范围，不管是噪声、能源还是水污染都成为其中的内容。随着社会经济的发展，我国有完善现行环境税制度方面的必要。因此，环境税制体系的建设，尤其是法律基础的完善和加强，将成为未来一定时期税制改革的重要任务。具体来说，环境税法应考虑征税的范围确定要符合现实中环境保护的基本需要。而且，要设立具体的新税种，税率也应适当

合理，过高或过低都不利于环境保护制度的建设，不利于经济社会的长远发展。①

2. 政府绿色采购制度

政府在采购时考虑选择绿色的货物或服务，将对整个国家、地区乃至企业的经济行为产生巨大的导向作用。一般而言，政府的采购资金规模是非常庞大的，如果政府部门在采购过程中能够有效地实施和执行绿色采购制度，不仅可以直接杜绝或减少政府常规的日程活动对生态资源和自然资源的不良影响，而且还可以促进一个国家和地区绿色产业的发展，以及绿色消费市场的形成。因此，西方发达国家都在积极倡导、实施和执行这一制度。这些国家的绿色采购制度都有一个共同的特点，那就是把对自然或生态环境不会造成伤害的产品或服务，作为政府部门优先采购的对象和范围。

3. 环境损害赔偿基金制度

任何国家的侵权行为法，都强调法律的预防、惩罚及补偿的功能，然而当侵权行为人无法确定或不具有承担责任的能力时，受损方的权益就无法获得保障。一个国家的环境损害赔偿基金制度，其功能就是对这种情况的有效应对。从实践的角度来说，我们国家政府可以通过学习发达国家的先进经验，建立符合我国实际国情需要的环境损害赔偿基金制度。当然，资金的预算、规划和使用方面，其情况必须要接受政府审计部门的财务监督。

### （二）健全企业内部的激励约束机制

在企业的生产经营活动中，要积极重视企业自身对环境污染的治理，要通过技术革新或其他方式减少企业的污染量，从而在一定的时期内有效完成相关污染治理任务。根据治理任务完成的具体情况，企业可以设定一定奖励以及处罚措施。具体而言，对于完成任务较好的部门或下属单位，可以给予一定的物质或精神奖励；而对于完成任务不好甚至不达标的部门或下属单位，可以给予一定的处罚措施。另外，在企业中，环境管理是一项非常重要的工作。组织必须由专门的领导负责该项工作，负责人的职位应该至少到副总经理及其以上的高层。在具体管理活动中，在可能的条件下，企业组织应该设置专门的环境保护工作岗位，安排专门人员从事环境保护工作，通过具体的环境保护制度、政策和法律的宣传和贯彻，将企业环境社会责任意识影

---

① 匡海波，买生，张旭：《企业社会责任》，清华大学出版社，2010年版，第23-24页。

响到每一个员工。此外，要建立环境监督员制度。为了更加有效地保护环境，必须明确企业环境监督员制度的适用企业范围，以及环境监督员的职权和职责。只有通过强制的法律手段，把环境监督员制度落实到实处，才可以对污染环境严重的企业进行有效的治理和规范。目前，我国现有的法律、法规文件尚没有规定相关企业必须设置环境监督员。

**（三）环境会计制度**

为了贯彻和落实企业环境社会责任制度，我国有必要在企业当中实行环境会计制度。实践中，环境责任问题常常具有一定的特殊性，环境会计不仅涉及企业的一般资产和负债信息，还涉及企业的环境绩效信息。所以，目前以货币为计量单位的会计报表是无法满足现实需求的。在环境会计制度体系中，环境绩效信息是非常重要的，它体现的是企业在环境管理和环境保护中获取的效益信息。环境会计信息披露的内容，包括环境问题对经营成果产生的影响和对财务状况的影响两个部分。其中，第一部分是指企业因为环境问题引起的支出和收益；第二部分是指环境问题对企业资产、负债等方面的影响。

## 三、健全企业环境社会责任的外部监督机制

**（一）健全企业环境社会责任的信息披露机制**

企业的环境信息是一个企业按照国家的法律规定和要求，对自然和生态环境所造成的直接影响和所进行的相关环境管理等方面的信息。企业环境信息公开制度是一个国家通过法律和规定，责令监督企业履行社会环境责任状况的一种重要方式，它是一个国家和企业满足社会公众环境知情权的基本要求。因此，企业环境社会责任的信息披露机制，在一个国家的环境保护管理体系中是非常重要的。在实践中，我国政府应该积极地采取行动，有效健全和完善企业组织的环境信息披露机制。具体而言，包括以下几个方面的内容：

第一，独立披露企业环境信息。目前，我国的企业社会环境责任信息披露内容，主要集中在年度报告内，常常和财务报告一起公布。未来，可以考虑除在年度报告公布之外，应该定期或不定期独立地进行公告。而且，在进行公告时，要把环境信息披露的内容，由传统的涉及财务性报告披露的内容，扩大到企业环境社会责任承担情况的内容，要从传统的只对股东或者投

资者负责,扩大到对整个社会,尤其是对自然环境负责。需要说明的一点是,即使在传统的年度报告内,也要考虑要在现有的企业财务会计报表的附注中,增加企业社会环境责任履行的相关信息,以接受社会公众的监督,因为企业年度报告的阅读量和关注度要明显大一些。另外,对于在前个报告周期污染严重的企业,应该要求其比其他一般企业公布更加详细和完整的报告。

第二,及时进行企业环境信息披露。信息作为一种资源,有时间性的特点。如果企业环境责任信息披露适当及时,通过社会媒介的广泛传播,就能极大地促进企业组织的环境管理和环境保护行为。另外,企业的环境责任履行信息,也同样是一个国家、地区和社会环境保护的指向棒,因此企业有关环境的组织行为应该在第一时间,及时地通过一定的媒体向社会公众进行告知,以减少一些不必要的经济和社会损失。更重要的一点是,通过及时地公告企业环境社会责任承担的信息,也可以让企业在社会上树立良好的形象。

第三,准确披露企业环境责任信息。企业除了要独立、及时地披露承担环境社会责任的信息以外,更重要的一点是,要做到准确地披露环境信息。因为只有这样,才有利于政府进行环境问题的决策;才会有利于企业和广大社会民众之间,就有关环境社会责任的基本情况进行有价值的交流;还会有利于社会上其他重要的利益相关者,对企业组织有更加准确的了解和认识。如果企业组织在披露自身承担环境社会责任的行为及其后果时,出现少报、漏报,甚至虚假陈述时,要由有关政府部门对于这种不诚信的错误表现,给予严厉的处罚。

(二)健全消费者等社会公众对企业的监督机制

一个基本常识是消费者对于企业的存在以及可持续发展具有重要的影响,因为没有或者很少有消费者购买一个企业的产品或提供的服务时,企业是很难获得可持续发展的,没有消费者认可的企业品牌注定是不会长久。所以,可以简单地认为,消费者或者客户是企业存续与否的最终决定者。既然如此,企业在其基本的生产经营活动中,都会积极地去迎合消费者或者客户的喜好,满足他们的各种需要。从这个角度来说,消费者或者客户是监督企业环境社会责任行为最重要的力量之一。此外,社会公众的中间力量也可以对企业形成有效的监督机制。在实践中,通过社会公众共同组成的社会监督组织,可以直接形成有组织的社会力量,加强企业与公众的平等对话,引导企业重视自身的环境社会责任的承担情况,也能引起社会广泛的关注。

## 四、健全企业环境社会责任法律机制

### (一) 相关立法理念的更新

建立企业环境社会责任法律制度有助于企业承担环境责任，因为法律制度是基本保障。然而，不同的发展阶段因为立法理念的差异，导致企业组织在履行环境社会责任结果方面有着巨大的不同。比如在过去传统的"经济人"理论的指导下，法律制度强调的是一味地激励和促进企业片面追求经济利益，导致自然环境状况逐渐恶化。随着经济社会的不断发展，大家开始积极强调企业对自然环境和生态环境的保护。一般来说，一个国家的立法者在法律制定上，要充分体现企业组织的日常生产经营行为对生态的影响，要通过法律规定努力使企业将影响降到最低程度，要把企业的经济利益和社会利益都融入生态的整体利益中。因此我们在对企业环境社会责任进行相关制度的立法时，要与时俱进、不断完善，要考虑企业"生态人"理论的重要作用。

### (二) 健全企业环境社会责任的法律机制

根据调查，企业在进行生产时较少考虑环境法律、法规的要求和执行环境规制的情况与标准不符，说明了现有相关法律、法规不完善，以及执法不严格等问题。因此，国家必须健全和完善企业环境社会责任的相关法律及其机制。

一方面，要积极完善企业环境社会责任的法律以及法规体系。为此，要建立企业环境社会责任的法律保障机制；要完善企业环境社会责任法律以及法规的具体实施规制；要积极完善企业组织内部与环境有关的各项规章制度。另一方面，要加大对企业环境违法行为的处罚力度，提高环境违法企业的违法成本。关于这个方面，一个具体的表现就是，在地方政府为了片面追求 GDP 进而保护所属企业的情况下，即使相关企业产生了对环境的污染问题，事实上只需要交一定的污染费用就可以把问题解决。与此形成鲜明对比的是，企业如果选择修建排污、治污实施或者购买相关设备，不但要花费很大的修建成本或者支付高昂的购买费用，同时还要向政府环境管理部门交一些环境治理的费用。所以，国家必须通过相关法律和法规的执行，加大对污染环境企业的处罚，增强处罚力度。

## 五、建立企业生产者责任延伸机制

企业生产者责任延伸机制强调责任承担内部化，就是通过从企业组织内部的相关制度构建，来促使企业自身积极承担环境社会责任。西方发达国家的相关实践均表明，生产者责任延伸机制的推广和应用，有助于积极促进企业对环境社会责任的有效承担，对于推动一个国家和地区的环境保护也具有非常重要的作用。具体而言，对于一个企业来说，从最初原材料的选用一直到产品经消费者使用后的再回收，生产者的责任始终存在，这一改以往的企业卖完即与之无关的理念。也就是说，这一理念要求产品的生产者和销售者，即使在产品使用结束后也需要承担一定的责任。显然，这一机制的有效建立，对于高效地实现自然资源或原材料的循环利用，具有重要的价值。

现阶段，我国制度实践中虽然已经有了有关生产者责任延伸制度的相关规定，其内容并不能有效地满足实际要求，尚需要做进一步完善。具体来讲，国家可以通过立法强调所有的市场主体或者企业组织，在所生产和提供产品的生命周期的各个阶段，都负有承担环境影响的社会责任。唯有如此，才能把生产者责任延伸制度有效地落到实处。从现代一些发达国家的实践经验来看，一些国家不但强调以生产者为主的责任延伸，甚至把责任也延伸到销售者身上，有时候在不能具体确定责任主体的时候，常常规定由产品的生产者和销售者来共同承担连带责任。从这个角度而言，对于企业所生产产品是否需要适用该制度，主要是看产品在使用完毕后产生的废弃物，是否会对环境造成直接的影响，以及遭废弃后产品的回收价值大小。所以，我国可以借鉴其他国家的先进管理经验，健全和完善产品的分类标准、报废标准和回收拆解技术规范。

目前，我国经济在不断获得高速发展的同时，对自然环境也造成了严重的影响。比如，资源能源紧张程度加剧，江河湖泊受到大量污染，自然生态被严重破坏，等等。环境问题已经成为我们不能忽视的严重问题。企业环境社会责任理论的出现和广泛盛行，为我们解决环境问题提供了一个新的视角。企业积极主动地承担环境社会责任，对于改善我国的自然生态环境，以及构建社会主义和谐企业具有十分重要的作用。

# 第五章 和谐企业文化建设

本部分将和谐思想运用到企业文化的体系建设当中。首先，结合我国企业的实际情况，在深入剖析我国企业组织文化建设现状的基础上，提出要建设和谐的企业文化，并阐述了和谐企业文化的内涵、特征以及意义。其次，从制度、行为、物质和精神四个层面，论述了和谐企业文化体系的基本构成，并提出要处理企业组织内外各种利益相关主体之间的关系，在此基础上，明确构建企业内外部和谐的文化策略。最后，运用和谐企业文化的基本理论，进一步设计建设和谐企业文化的工作方案，并提出相关具体的实施措施和办法。通过建设和谐的企业文化，可以使企业保持对内的较高整合度与对外的灵活适应性，从而形成企业在文化方面的竞争力，促进社会主义和谐企业的建设，以实现企业的长期与可持续发展。

## 第一节 和谐企业文化的内涵

杰克·韦尔奇曾经说过："健康向上的企业文化是一个企业战无不胜的动力源泉。"[①] 企业组织文化作为不断推动一个企业发展的灵魂和新型生产力，已经成为影响和决定一个企业或组织，是否具有自己明显的核心竞争力，以及核心竞争力发展水平的重要因素之一。然而，从我国现阶段的企业组织文化建设与发展方面来看，仍然存在着很多问题，基本表现可以归纳为缺少与我国国情相符合或匹配的文化创新。在国内企业多年的生产经营活动实践中，可以很容易地发现，很多企业其实很早就树立起自己的企业文化大旗，以彰显其在企业管理制度上的"上档次"或"高规格"。然而，在具体的制度操作与措施上，很多企业组织往往只是注重企业文化的外在表面形式，而忽视了企业文化的根本内涵。比如，实践中我们经常可以看到，很多企业只是热衷于喊口号或者开展相关文艺活动，以为这些就是企业文化；也

---

[①] 李伟：《组织行为学》，武汉大学出版社，2012年版，第408页。

有一些企业大力推行统一标志，或者在广大员工当中，强制实施统一服装，认为这就是企业文化；某些企业甚至花费巨资，直接请专业的广告公司在企业组织内部做 CI 形象设计，把它看作是在打造或建设优秀的企业组织文化。当然，这些内容和做法确实和企业文化有一定的关系，至少可以认为，它们都是建设企业组织文化的一般外在表现形式。然而，由于很多企业组织忽视或者并不了解，在这些所谓外在表现形式后面的企业文化的本质和内涵，所以，就会简单地以为，企业文化就是做 CI 形象设计或者开展文体活动那样直截了当。所以，伴随着社会主义现代企业制度的不断完善和健全，在我国，企业如何有效地适应社会主义和谐社会的中国国情，以及构建和谐企业的发展战略，以更好地加强和谐企业文化建设，真正促进企业的长期与可持续发展，已经成为一项十分重要的问题。

一、企业文化相关理论

（一）企业文化的概念

文化一词最早源于拉丁文中的 culture，用以表示所有特定人群体世世代代相传的本质特征。总体而言，企业文化就是指导企业组织行为以及员工个人行为的一整套价值理念、意识与态度体系。企业文化中所包含的各种价值观念、意识与态度体系，一定要被企业成员普遍认可和遵循，它表现在所有的企业活动之中。在学术界，企业文化有广义和狭义之分，所谓广义的企业文化是指企业的制度文化、行为文化、物质文化和精神文化的总和，而狭义的企业文化则是指以企业价值观为核心的各种理念、意识与态度体系等。企业作为一个社会单元，在市场经济环境下能够寻求长期生存与发展，必须有共同的发展目标、共同的组织行为准则以及相应的组织机构设置制度或办法，否则的话，整个企业就会变成没有支柱和骨架的一盘散沙。因此，对于企业来说，企业文化的基本任务就是要在组织内部塑造共同的价值观念体系及其行为准则。①

（二）企业文化的结构

根据企业文化的内涵、特点和本质，可以从制度层、行为层、物质层和精神层四个方面对企业文化的结构进行分析与研究。其中，制度层也就是企

---

① 李伟：《组织行为学》，武汉大学出版社，2012 年版，第 408-410 页。

业的制度文化，通常包括有关企业的组织结构、企业的领导体制和企业的管理制度，是企业在生产、经营与管理过程中，所形成的组织架构、管理和运行机制，以及所制定的各项行为准则或规定；行为层也就是企业的行为文化，一般体现为企业在生产经营、人际关系、教育宣传、文体等具体活动中产生的文化现象，它是对企业价值观与员工态度的具体折射；物质层也就是企业的物质文化，主要体现在企业的基础设施、企业提供的物质产品、企业的生产与经营环境、企业的技术设备等方面；精神层也就是企业的精神文化，是指企业在生产经营过程中，长期受到一定的意识形态、生产经营理念以及社会环境影响，而形成的一种表现为精神形态的文化理念。

**（三）企业文化的特征**

（1）系统性。从企业文化的结构来看，很直观，它是系统性的，是由相互依赖、相互联系与相互作用几个部分与层次构成的有机整体。其中，包括制度层、行为层、物质层和精神层，它们各有特点、相互独立，但又相互联系，紧密地结合为一个整体。

（2）独特性。企业文化作为社会文化的一部分，因为每个企业在类型、性质与组织结构等方面的不同而表现出差异。企业文化具有明显的个性或特殊性，它以鲜明的个性而区别于其他的企业，就像每个人都有自己的人格与个性特点一样。

（3）开放性。企业作为一个有生命的有机体与社会存在体，它的生产经营活动是一个动态的发展过程。一般来说，成功的事物或多或少都具有对外界抱有开放性的特点。而成功的企业文化，更不会排斥外界新的管理思想和先进的经营模式的影响，一样具有吐故纳新、全方位开放的特征。开放的企业文化可以有效促进企业的发展，通过不断持续关注外界环境的发展变化，不断引进、借鉴和吸收其他组织的优秀文化，以促进自身的发展、完善和壮大。

**二、企业文化的作用**

企业文化是一个组织发展、能力和潜质的标志。它可以形成企业的凝聚力、感召力和向心力，是管理的最高境界，在认知、行为、意志、情感、价值观、目标等方面对组织成员进行深层次的引导，强化成员的自我开发。优秀的企业文化能给其组织成员带来满足、富有激情与和谐的工作环境和组织氛围，也能使企业员工产生较强烈的内在需要、工作动机和工作投入，促使员工不断地努力以丰富自己的知识，提高自身的工作技能和能力，进一步促进自己的劳动生产率不断提高，向自己的期望目标努力，这无论是对企业组织还是对员工自身均是有益的。企业文化的作用具有两重性，它一方面可以推动企业组织的发展，但另一方面又会阻碍企业组织的变革。

(一) 企业文化的积极作用

1. 导向作用

优秀先进的企业文化，可以不断地引导组织成员向企业的既定战略目标努力奋进。因为它常常通过企业组织的宗旨、使命和价值观，来指引企业中每个组织成员的价值取向、兴趣和偏好，进而对员工的工作行为取向起导向作用。因此，成功的企业文化可以在组织中建立起有效的动力机制，激发企业员工的事业心和成就欲，将企业目标和个人目标进行统一，将企业成员的创造性和热情也引导到组织目标中来。在企业管理实践中我们不难发现，如果只单纯依靠制度和硬性管理，是不能满足企业成员的心理需求，也不能有效使企业组织中个体目标符合整体目标的。然而，企业文化却能为其成员提供精神动力，它既是企业员工个体目标趋向组织目标的内在动因，又成为员工个体目标发展的导向。

实践中，如果企业组织的集体或者群体价值与行为取向，与自身企业组织文化的评价和态度标准发生不一致或者冲突的时候，就可以通过不断地强调组织文化建设，来引导员工们的心理活动和行为方式，使大家自然地在潜移默化的影响中，逐步接受企业组织的普遍共同价值观、信念和使命，最终使广大员工自觉地把企业组织的战略发展目标，作为自己所追求的个人目标来看待。

从企业的角度来看，企业文化所包含的企业宗旨、使命、价值观和发展目标，常常记录了企业在过去不断成长的时间里，所有成功的经验与失败的教训，以及企业高层管理决策者，为企业所制定的未来努力的方向和企业的发展前景。所以说，企业的一切生产经营管理活动，都始终离不开企业组织的文化导向。

2. 凝聚作用

凝聚作用是指组织和组织成员的相互吸引力，即组织对成员的吸引力，成员对组织的向心力。一般来说，文化具有很强的凝聚力量，对一个民族如此，对一个国家如此，对一个地区如此，同样，对一个企业组织也是一样的。具体而言，企业组织文化的凝聚作用主要体现在，当一种组织宗旨、使命、价值观和发展战略目标，一旦被组织的成员们所普遍共同地认可以后，它就会变成为一种很强大的黏合力，从成员工作生活的许许多多方面把企业员工聚合起来，从而产生和形成一种巨大的向心力和凝聚力。

从这个角度而言，企业组织文化所体现的是企业员工对组织的一种认同感，使组织成员不仅仅注重自我利益，更考虑整体利益，并将个人的命运与企业的安危紧密联系起来。这种纽带最终会把企业中的广大员工凝聚为一个有结构的、系统性的集体。在这个群体或团队中，所有个人的思想、信念和目标，都或多或少有效地融入企业的整体理想、使命、宗旨与价值观之中，进而形成一种文化信念方面的共识，最终为企业组织的长期与可持续发展提供强大的精神动力。

3. 激励作用

组织文化可以最大限度地激发企业成员的积极性和首创精神。马斯洛在其需求层次理论中指出，人的需求是多层次的，如果忽视了人的内在需求，一个组织便无法激励其成员为目标而奋斗。① 而优秀的企业文化可以发现员工的心理需求，能运用恰当的激励机制，使成员获得尊重与认同，还能产生努力奋斗、开拓进取的良好组织氛围，从而让企业成员激发出强烈的工作热情和斗志。优秀先进的企业文化强调要坚持以人为本的原则，要创造出一种人人都自尊、都能获得他人尊重的一种高尚的组织文化氛围。这种良好的组织文化氛围往往能产生出一种激励机制，可以激发和督促企业员工为了获得自我成长、实现自我价值和组织发展目标，而不断地努力工作和勇于进取。

4. 约束作用

企业作为一个组织，常常不得不制定出许多的规章制度，来保证组织架构的正常运行和组织活动的正常进行，这显然是非常必要的。不过，即使有了很多项规章制度，事实上，有时候也很难规范和约束每个成员的所有工作行为，更难消除一些成员对规章制度的逆反心理和对抗行为。但是，企业组织文化会对每个组织成员的思想、观念、心理和行为具有一定的约束和规范作用。这种规范和约束是一种文化上的软约束，通常不是制度式的硬约束。它更强调通过一种无形的思想上的约束力量，来制约和规范企业员工的行为，以此来弥补规章制度的不足，并诱导多数成员认同和自觉遵守规章制度。因为硬约束的规章制度，即便再完备也只能在一定程度上规范人们的行为和维持秩序，相反，企业成员在接受了组织中的共同价值观念之后，就有

---

① 李伟:《组织行为学》，武汉大学出版社，2012年版，第176页。

可能自愿地对制度表示遵从，自觉地为组织目标而努力。所以，企业文化经常通过弥漫在组织中的文化气氛和组织氛围、集体行为准则、群体或团队价值观，以及传统道德规范等软性因素的约束，比用规章制度等硬性因素的约束，对员工具有更强大、更持久、更深刻的影响。

5. 辐射作用

实践中我们经常发现，企业组织文化一旦形成一种较为固定的观念模式，它就不仅仅只在企业组织内部发挥影响作用，对本企业成员产生影响，还会对社会公众、对本地区乃至国内外企业组织产生一定的实际影响。因此，对于一个企业而言，在提高其组织知名度的同时，企业组织文化具有巨大的辐射作用。例如，可口可乐、麦当劳已成为构成美国生活方式和美国文化的一部分；全聚德、同仁堂则构成了中华民族文化的一部分。[1] 概括起来，企业组织文化的辐射作用主要表现为，一方面它可以帮助企业组织在公众中树立良好的积极形象；另一方面，它对促进社会文化的发展有很大的影响，成为推动社会文化提高与发展的强大动力。

6. 创新作用

从严格意义上来讲，企业组织文化是一个企业组织，能够有效地和其他同类或同行业企业组织进行真正意义上的实质区别，最有价值和最基本的特色内容。从这个角度而言，企业文化则正好起着企业组织之间分界线的明确作用，它不仅使不同的组织相互区别开来，而且，其鲜明和特色的企业文化正是建立一个企业组织创新的重要内容和方面，是激发员工努力创新、不断进取的精神动力和源泉，也是使组织在激烈的市场竞争中立于不败之地的重要保证。[2]

(二) 企业文化的消极作用

尽管企业文化的积极作用有助于增强员工行为的一致性，引导组织进步、成长，进而提升组织效能，但同时也不能忽视其为组织变革和发展设置的潜在障碍。

1. 变革创新的障碍

组织文化的形成是历史长期积淀的结果，并根植于组织成员所坚信的深层价值观中，具有稳定性，不会轻易更改。所以当企业处于动态的环境中需

---

[1] 李伟：《组织行为学》，武汉大学出版社，2012年版，第416-417页。
[2] 李伟：《组织行为学》，武汉大学出版社，2012年版，第417-418页。

要变革时，企业文化的惰性很可能成为组织变革的障碍，它使组织在面对挑战时趋于保守。另外，企业文化作为一种与制度相对的约束力，更深入人心，极容易形成一种思维和行为的定势和惯性。这种惯性的束缚对组织变革的障碍，在组织环境急剧变化时表现得更为明显。因此，在面对激烈竞争环境时，企业的战略环境的变化也在不断调整，组织自身也处于一个不断发展、变化的过程中，企业内部也自然而然地产生一种进一步提高组织效率的客观要求，当企业文化核心价值观与这种不断提高组织效率的客观要求不相符并产生矛盾时，企业文化就成为这个组织进一步获得发展和取得进步的重大障碍。而且，企业组织文化的力量越强大，相应地，这种文化形式对组织的长期或可持续发展的障碍影响也越大。

2. 多样化的障碍

由于种族、性别、道德观等差异的存在，新加入的成员与组织中的大多数成员之间容易产生矛盾。组织一方面希望新成员能够接受组织的核心价值观，以适应或被组织接受；但同时，又想认可并支持这些新成员所带来的差异，因为这些差异对组织的发展可能是有益的。强文化企业总是去限定组织可以接受的价值观与生活方式的范围，倾向于对新成员施加较大压力，使其服从企业文化，这样往往就导致了一个两难问题。组织吸收各具特色的新成员，是因为他们能给组织带来多种选择上的优势；但当新成员处于强文化作用下，为了去适应文化的要求，这种行为就使这种多样化的优势丧失。可见，一旦强有力的企业文化抹杀了不同背景、不同特色的新成员所带给组织的独特优势，企业文化也就成了组织文化多样化的一个巨大障碍。

3. 兼并和收购时的障碍

在以往的企业兼并和收购活动中，企业中的高层管理者在进行是否兼并或收购决策的考虑时，常常把产品协同性或者融资优势作为所要考虑的关键因素，倒是很少去考虑双方文化的融合性，但随着组织内部卓有成效的企业文化建设，各个组织也都形成了独具特色的组织文化，这些文化有的可以互补，而有些则是相互排斥的。因此，文化的相容性成为企业管理者在进行组织间相互兼并或收购时主要的关注对象。

三、我国企业文化建设的现状

(一) 我国企业文化建设取得的成效

自 20 世纪 90 年代以来，我国的很多大型企业，因为不能及时有效地调整自己的生产、经营管理方式，进而陷入一片困境当中，如珠海的巨人集团、沈阳的飞龙集团与南德集团等。当然，其中也有很多企业因为建立了一套具有自身特点，并能够不断适应外部竞争环境的企业组织文化，从而在激烈的竞争中，长期立于不败之地，如华为公司的"狼"文化、方太公司的"家"文化等。① 应该说，自从提出建设企业文化的主题以来，我国很多理论界与企业实践部门就如何建设企业文化，进行了长期的探讨和创新，文化制胜的理念现在已经被许多专家学者和企业管理者所接受。尤其是伴随着市场竞争越来越激烈，许多企业迫于竞争压力，其内部的管理方式通过企业文化建设的方式，也在逐渐适应外部环境的变化。

1. 尝试多形式、多渠道建设企业文化

现阶段，我国很多企业在建设企业文化的时候，常常采取多种形式、多种渠道来建设企业文化，以使反映企业理念与价值观的文化，能够积极有效地深入每一位企业员工的大脑和内心当中，从而不断增强和提高企业组织内部成员的工作效率、组织向心力与凝聚力。目前，几乎每个进行文化建设的企业都有自己特有的文化传播渠道。其中，无论是企业内刊与板报，还是领导信箱与员工论坛，都是企业管理者与广大员工之间进行交流与沟通的重要渠道，同时，也是广大普通员工观察企业、了解企业、融入企业的一种方式。在这些沟通交流媒介形式中，黑板报主要是用来进行大众宣传的，是表现与传播企业文化的实物载体；交流信箱则是企业管理者与员工之间，员工与员工之间进行信息沟通的一个平台；企业网站可以为所有组织内或组织外，只要想了解企业的人员提供一个了解企业最新动态与信息的窗口，它也是企业向广大客户或消费者、社会大众，传递企业组织最新动态和信息的一个固定窗口，企业网站已经成为目前企业最为流行的大众传播媒介。如上所述，如今多种形式、多种渠道的企业文化传播渠道，增强了企业管理者与员工之间、员工与员工之间的沟通交流，这方面比较典型的是浙江森马集团建立的企业博客，它就是利用现代化的信息工具，为企业内部之间、企业内部与外部之间的信息交流与沟通提供了一个很好的平台。

2. 注重建设学习型企业文化

我国很多企业在文化建设的过程中，已经充分注意到组织学习的重要意义和作用，因此大多数企业都纷纷提出要建设学习型的企业组织文化。根据国外实践，这种学习型的企业文化通常包括终身学习、全范围学习、全过程

---

① 吴冀林，李镇远：《打造和谐企业》，人民出版社，2011年版，第164-166页。

学习和团队学习四项基本内容。目前，随着越来越多高科技企业的兴起，这种学习的组织氛围在我国企业文化的建设中，已经表现得非常广泛与明显。因为，高科技企业更加要求在企业中建设学习型的企业文化。在这方面，表现比较典型的是山东力诺集团，其快速成长与公司从上到下重视建设学习型企业文化是分不开的。

3. 企业文化建设注重以人为本

现代企业管理实践非常强调以人为本，应该说，这种"人本管理"的模式在不断发展的过程中，已经逐步融入企业文化的建设之中，成为企业文化建设的重点。在企业组织中，加大人力资本投资，给员工以充分的发展机会，加强对员工的职业生涯规划与管理，从而真正做到"事业留人、待遇留人与感情留人"。在这方面表现比较典型的是浙江正泰集团，其很早在文化建设过程中就形成了一套独特的人才发展战略，坚持"文明塑魂，以人为本，外树形象，内强素质"的管理理念。为贯彻与实施该理念，公司建立了浙江省温州市首家非公有制企业党委，形成了以党委为核心，精神文明委员会、团委、工会等组织为纽带的管理体系，具体负责人才发展战略的落实与实施。同时，为了使公司员工的综合素质和业务技能能够与企业同步协调发展，集团还与上海理工大学等高校联合创办了正泰学院，专门为企业的人才培养提供一个良好的教育基地。显然，正泰集团的企业文化是一种全员参与、共同树立集体价值取向的文化，正泰集团企业文化建设的对象始终是全体员工，建设的重点始终着眼于建立和谐的劳资关系与人际关系，是贯彻与落实"以人为本"管理理念的典范。

(二) 我国企业文化建设中的不和谐现象

虽然我国企业在文化建设方面取得了一定的成效，但是其文化建设还处于很不成熟的阶段，大都流于表面、流于形式，而且基本上仍然是处于被动与自发建设的状态。这主要表现为以下几个方面：

第一，在很多企业内部，存在企业与员工之间不和谐的文化现象。中国的市场经济体制发展迅速，企业内部不可避免地会出现一些矛盾和问题，比如，工作岗位要求和员工的素质与能力不相匹配，经济利益分配的差距过大，员工面临着很大的工作压力，明显表现出工作倦怠等，这些都直接影响着企业与员工之间的关系，从而引发一些不和谐的现象。

第二，企业中员工之间不和谐的文化现象表现明显。在现代企业实践中，由于企业内部竞争的不断加剧、员工工作方式的差异化等方面的原因，员工之间常常很容易出现矛盾与问题。例如，很多企业在组织内部引入竞争制度，如果这种竞争一旦过度，就会引起员工之间的很多矛盾；企业内部分工的日益专业化，减少了员工之间的团队交流与合作，不利于企业组织团队功能的发挥；等等。

第三，企业中管理者上下级之间不和谐文化现象突出。在当前我国的企业中，上下级管理者之间关系并不和谐的情况仍然很普遍。例如，有的上级管理者经常使用强制行政命令的方式来对待下级，这就有可能产生怨恨与愤怒，往往激起了对管理者的对立情绪；上级管理者在分配奖金和分派任务时，也会有可能给下级以不公正、不公平的感觉，从而挫伤了下级的工作积极性甚至引发直接严重冲突；等等。

第四，企业内部部门之间不和谐文化现象明显。在现代中国，企业部门之间的不和谐现象非常普遍。比如，部门之间常常会因为沟通不畅或者利益不一致等原因，导致部门本位主义盛行；在使用组织公共资源时，部门之间常常会产生矛盾；而在部门职责划分不清时，会出现互相推诿的现象。如果这些问题与现象得不到妥善处理，就会直接或间接地影响企业部门之间的和谐，出现压抑或紧张的关系状态，进而大大地削弱员工的工作热情，降低其创新的愿望与能力。

第五，企业与客户之间不和谐文化现象突出。在实践中，有的企业不能提供一种质量水平和后期服务令广大客户满意的优质产品和服务；有的企业对待消费者缺乏足够的诚信与商业道德，大量存在着欺瞒客户的消极行为；有的企业在处理客户的投诉和抱怨时，根本不尊重客户，常常给客户造成很大的伤害；等等。

第六，企业与竞争对手之间不和谐的文化现象非常普遍。要实现企业的和谐发展，就需要在企业之间实现一种有序、公平与双赢的和谐竞争，这主要体现在企业与其竞争对手之间的和谐共存方面。在行业领域，企业之间要坚持竞合共赢的合作理念。然而，国内的很多企业却常常存在相互倾轧、相互拆台、相互破坏资源等不规范的竞争行为；有的企业仍然简单地将其与竞争对手之间的关系，一般地理解为"视对手如敌人"，与竞争对手之间一味对抗，恶性冲撞，结果导致两败俱伤；等等。这些企业相互之间不和谐的竞争方式，使企业失去了和谐的外部市场环境，也损害了企业自己在市场或同行业当中的外部形象，进而影响到其与竞争对手之间的和谐相处关系。如果发展到一定阶段，最终的结果就是被市场无情淘汰。

第七，企业与政府之间不和谐的文化现象时而发生。中国企业与政府之间关系出现不和谐的现象,是经常存在的。比如,有的企业不依法纳税,甚至有时候偷税、漏税;有的企业不配合政府的工作,不履行应尽的义务;有的企业抱着"上有政策下有对策"的态度,不能正确处理相互之间的关系;等等。

第八,企业与社会环境之间不和谐的文化现象非常严重。目前,我国的一些企业从不积极地去承担相应的社会责任,也许在这些企业的领导者心里,从来就没有"社会责任"这样的概念。比如,有的企业不愿意为地区建设和群众提供力所能及的服务和帮助;有的企业有时为了创造一点点微小的经济收益,而消耗大量的资源,从不考虑任何环境代价或者环境成本;有的企业违法或违规地生产假冒伪劣商品,甚至还会出现危害顾客的生命与财产安全的问题与现象;等等。

### 四、和谐企业文化的提出

#### (一) 和谐企业文化的内涵

随着我国经济社会的不断发展,企业文化建设得到加强,尤其是当构建社会主义和谐社会的重大战略提出的时候,很多企业纷纷打出了构建社会主义和谐企业,建设和谐企业文化的口号。然而从理论上来说,提出这样口号的企业在实践中,对组织文化的建设往往流于形式。比如,有的学者就认为和谐企业文化就是以人为本,而有的学者则认为和谐企业文化是促进人际关系和谐的一种企业文化理念①。应该说,这些学术观点都是有一定的道理的,但仍不够全面和准确。

结合企业文化以及和谐基础理论,本项目将和谐企业文化概括为一种以和谐理念为导向的企业文化,具体而言,就是将一系列围绕促进与发展和谐的理念,内化为企业员工所共同认可并遵守的价值观与准则,从而最大限度地发挥组织文化的作用,以提高企业每位员工的凝聚力和向心力,促进企业整体的和谐建设。和谐企业文化倡导的是一种人与人、人与环境和谐相处的良好状态和不断完善的动态过程。这种组织和谐状态对外是一种良好的社会形象,对内表现为一种凝聚力和向心力,它能够最大限度地激发员工的潜力,充分调动企业内部每位成员的聪明才智和创新力的发挥,从而最大限度地提高企业的核心竞争力。

---

① 吴冀林,李镇远:《打造和谐企业》,人民出版社,2011年版,第167-168页。

因此，本项目研究的和谐企业文化，就是通过调动员工的工作主动性，以消除企业文化中的不和谐因素，围绕构建企业文化系统的整体和谐目标，最终提高企业组织的文化与核心竞争力。简而言之，构建和谐企业文化的本质，就在于积极引导企业根据组织系统内外部各种环境因素的动态变化情况和特点，不断地开展和进行组织系统自我调整与适应，从而把企业打造成一种内外部互动、协调发展、组织与环境相互适应的高效率系统组织形式。

（二）和谐企业文化的特征

和谐企业文化是将组织"和谐"的理念与企业的根本发展目标结合起来，并始终体现在企业的价值观与经营管理实践过程当中，最终把企业建设成为一个和谐社会的经济实体单元与社会细胞。具体而言，和谐企业组织文化具有如下几个主要特征：

1. 以人为本

和谐企业文化具有的典型特征是，在组织内部高度强调坚持以人为本的基本原则。根据和谐概念的定义和本质理念的要求，一个组织在建设或构建社会主义和谐企业文化的过程当中，必须始终贯彻"以人为本"的指导思想，要把建设企业文化的主体——企业员工直接引导到和谐企业文化建设的过程当中，通过他们的一言一行，培育和完善优秀的企业文化。如果脱离了"以人为本"的指导思想，即使建设的企业文化再新颖、再有创意，那也只会流于一般的形式，缺乏真正的生命力。这种文化，是不能得到员工们所认同和遵循的，更谈不上让大家接受并凝聚起来为实现企业的根本目标而共同奋斗。在企业组织实践中，"以人为本"的和谐企业文化原则与理念，不应该在组织内部仅仅是作为一句空口号来看待，它应该体现在企业管理、生产和经营等各个方面具体的工作实际细节中。

2. 人际和谐

企业中，员工与员工之间的人际关系是多重的，而不是简单单一的。因此，受企业组织文化影响下的所有成员，都应该在一个能够实现相互支持、相互理解与相互关爱的良好组织氛围下工作与学习。在企业组织中，建设和谐的员工之间的人际关系，可以大大提高组织成员个人的工作满意度和组织忠诚度，增强团队集体的凝聚力，提高团队集体的士气，从而有利于构建和谐的企业组织文化。

3. 诚实守信

说到和谐企业文化，就不得不提到"诚信"两个字。诚信在一个社会和组织中的地位和作用，就像是"一种减少摩擦的润滑剂，是一种能够把不同部件组合到一起的连接剂，是一种有利于行动的催化剂"。它的作用是不能被任何事物所替代。在企业组织中，通过诚信能够有效地将企业与员工、员工与员工、上级与下级密切地联系在一起，实现双方相互信任、相互支持、相互帮助。因此，可以说，创建企业的诚信组织氛围，是满足员工心理安全需要，实现企业长期发展的一项重要内容。

4. 竞合共赢

以和谐为理念导向绝非是在排斥竞争，而是要强调公平竞争。而且，在竞争的过程中，参与者还要团结合作——竞合，在竞合的同时实现共赢。就合作而言，一方面，和谐的企业必然倡导合作文化和团队精神，员工与员工之间的合作意识得到不断加强；另一方面，企业也需要通过和竞争对手保持一定的交流与合作，从而发挥各自的特长，形成优势互补。就竞争而言，一方面，企业内部保持一定的竞争是为了激励优秀人才努力工作，同时形成组织系统的活力，最终提高管理效率；另一方面，在企业外部存在一定的有序竞争，也可以推动全行业的共同成长与发展。

5. 和而不同

和而不同，是和谐理念的一个本质特征，表现在建设和谐企业文化方面，就是强调不要千篇一律。因为，和谐是建立在"不同"的基础之上的。这种"不同"是活力的源泉，它要求，"不同"必须保持在一定的范围与限度之内。所以，企业在建设和谐文化的过程中，必须努力通过强调和谐理念来提高组织在协调各方利益相关主体之间的经济关系以及处理各种矛盾的能力；必须努力构建企业组织内部的利益整合机制、生产经营机制以及冲突化解机制，从而形成和谐的劳动关系，让员工与企业共同成长与发展，形成利益共同体；必须努力构建平等、友爱、团结、主动的新型人际关系；必须要努力构建企业与客户、竞争对手、政府、社区、供应商、销售商以及社会之间的全面和谐。总之，建设和谐企业文化是为了要实现和谐，但它不是千篇一律的，和谐要共生共长，不同要相辅相成。

6. 富有活力

和谐企业一定是充满活力的企业。一般而言，企业活力的构成，至少可以包括两个方面的内容：一方面，企业员工是有活力的，具体表现为企业内部全体员工的工作积极性、能动性和创造性能够得到充分的发挥，从而使一切创造社会物质财富的源泉得以充分涌现，为全社会提供更多的优质产品和服务；另一方面，企业的体制、机制和管理是有活力的，具体表现为企业组织在生产经营过程中,能够做到既可以适应国家宏观经济调控的要求,又可以实现市场竞争中企业自身的自我改善、自我调节和自我更新。

7. 活而有序

和谐的企业通常在富有生机和活力的同时,能够做到活而不乱、活而有序。这里的有序,具体是指企业在开停并转、生产经营、内外管理以及市场竞争等各个方面都是有章可循的。只有在制度、体制、规范和法律等方面得到可循,并且有法可依,企业才可以获得长期有序、健康与稳定发展。市场经济本质上是一种竞争型的经济制度,然而,它的健康发展也有赖于政府所进行的宏观经济调控。目前,政府经济管理部门已经采用多种方法和手段,对宏观经济进行积极调控,从而有效地整治发生在市场中的秩序问题,并督促和监督企业对发生在组织内部的各种无序状态和局面进行处理与解决。因此,从政府到企业,从组织外部到组织内部,都要求企业必须在建设和谐企业文化的过程中,严格遵守市场经济的相关法律、法规,始终坚持在保持经济发展活力的同时,有序交易、有序运行、有序竞争。

8. 持续创新

近些年来,一些在国内甚至国外曾经充满生机与活力的企业,逐渐衰落下来,一些曾经红遍中国的名牌产品、百年老字号已难觅踪影。究其原因,基本上都与企业文化的衰败有关。尽管如此,也有很多企业却能够实现长盛不衰,甚至还走向了世界,而这则与其自身的企业文化变革或创新紧密相关,比如北京烤鸭、同仁堂、青岛啤酒、海尔、联想、海信等。大量的企业实践案例表明,企业的衰亡历程最早大都是从企业文化的衰败开始的,当然,企业的长盛不衰历程则是从企业文化的变革或创新开始的。因此,对于一个不断积极寻求长期、可持续发展的企业组织而言,唯有对企业文化进行不断地创新,才能实现自身所追求的目标。

五、和谐企业文化的功能

哲学家尼采曾经说过:"当一个婴儿第一次站起来的时候,我们可以发现,让他站起来的不是他的身体而是他的头脑。[①]"成功的企业之所以很强大,靠的并不是什么资产规模,也不是所谓的员工数量,而是现代进步的企业文化,它就像企业的大脑一样。事实上,和谐企业文化作为一种社会文化,除具有凝聚功能、导向功能、规范功能和辐射功能等社会文化的一般功

---

① 吴冀林,李镇远:《打造和谐企业》,人民出版社,2011年版,第170页。

能之外，它也具有其自身的特殊功能，这些功能主要体现的是经济方面的功能，具体而言，也就是和谐企业文化在企业经营绩效、经营管理过程中所起的作用和影响。

1. 可以直接创造企业经济效益

现代企业经济研究发现，一个企业经济效益的提高，有赖于诸多因素，而不同的学科研究和关注的角度并不完全一样。就经济学而言，它更加关注和重视的是诸如资本、土地和劳动等各种有形资源的生产经营投入。然而，事实上，和谐企业文化作为一种无形的要素，和各种有形的投入资源一样，在产生和形成企业组织的工作绩效结果中，始终发挥着重要的影响作用；而就管理学而言，它非常强调企业文化对组织的长期发展所具有的促进和推动作用。因此，人们普遍认为，一个企业完全可以凭借其优秀的和谐组织文化，在不增加任何有形资源投入的情况条件下，使处于危机状态的企业转危为安，也可以在不增加任何资金投入的情况下，使企业组织获得更多的经济收益和利润。在这个方面，青岛海尔集团可以被称为是成功的典范。例如，海尔总裁张瑞敏就一直认为，用无形的企业资产来盘活有形的组织资产，完全是可以依靠企业员工来实现和完成的。所以，对于一个企业而言，只有先积极有效地盘活了人力资源，才能进一步盘活相关有形的物质资产。而要先完全彻底地盘活企业中的人力资源，其关键就在于要让企业组织文化得到先行，大力推进组织文化建设去盘活相应的有形物质资产。

关于这一点，在海尔集团当初兼并青岛红星电器股份有限公司的时候，就体现出来了。海尔集团最早派到红星电器股份有限公司去的不是集团公司的财务部门，而是海尔集团公司的企业文化中心。文化中心转入到红星电器公司以后，首先实施的就是企业文化先行的战略，将海尔集团公司的理念直接移植到红星电器公司。张瑞敏之所以把青岛红星比作成一条"休克鱼"，是在说这种企业硬件是好的，但是企业的价值观念、发展思路等软件方面却存在着较为严重的困难与问题。正如他所说："这样的休克鱼，只要注入组织管理文化，它就能够活过来。"青岛红星电器公司曾经资不抵债，生产与经营处于困难重重的境地，组织发展也受到了严重的阻碍。但是到了现在，在红星电器公司里还是以前的那些老员工，用的也还是原来的旧设备和机器，海尔集团事实上从未给该红星电器公司投入过一分钱，仅仅只是向该企业注入了新的海尔企业文化和管理理念，就使得红星电器公司彻底脱胎换骨，焕发出了勃勃的生机与活力。青岛红星电器公司在被海尔集团兼并后的第五个月,就开始扭亏为盈,从而最终走上了企业良性循环的发展道路。①

2. 可以有效提高企业无形资产的价值

优秀先进的和谐企业文化,可以在组织内部成为正确的价值观念、宗旨、使命和决策方向。而在企业外部,则可以帮助一个企业在广大的市场中,树立起良好的企业形象和声誉,从而有效地增加和提升企业组织的无形资产价值,并积极指导企业开展与实施相关生产经营活动。比如,同仁堂延续三百多年,经历数代而不衰,依赖的是其创始人乐凤鸣"顾客至上,竭诚服务"的经营理念和"炮制虽繁,必不敢省人工;品位虽贵,必不敢减物力"的质量观念,这两大支柱有力地托起了"同仁堂"这块金字招牌。海尔和长虹两大企业,历来被视为我国民族工业的骄傲,值得一提的是,每当人们想起海尔、长虹,往往首先想到的并不是其产品,而是其令人振奋的"敬业报国,追求卓越"与"以振兴民族工业为己任"的企业精神。② 这种至高无上的企业精神,一直指导着这两个企业不断地生产卓越的产品、创造卓越的效益、提供卓越的服务、培养卓越的人才,在无形中有力地提高了企业的品牌知名度,提高和增加了企业组织在市场中的良好声誉资本。

3. 对企业管理效果具有改善和预警作用

和谐企业文化是企业组织高层管理者在企业实践中所倡导的一套观念体系,包括企业宗旨与使命、企业目标、企业经营哲学、企业道德和价值观等。这样的话,企业员工不仅会完全认同和谐文化,而且还能够通过一定的行为,唤起他们积极落实和谐企业文化的强烈愿望,在实际行动上矢志不移。如果企业人心所向,员工行动又趋向一致的话,就意味着企业的运行会处于一个良性发展的趋势。反之,如果企业成员的工作行为表现,与企业组织所倡导的和谐文化不相符甚至相违背,则表明企业的运行实践存在着一定的问题。

## 六、和谐企业文化建设的意义

### (一)和谐企业文化凝聚了一个企业优秀的文化理念

纵观国内外组织实践中优秀的企业文化,其非常显著的一个共同特点就是中西结合——既吸收了西方发达国家注重创新与效率的现代管理思想,又

---

① 吴冀林,李镇远:《打造和谐企业》,人民出版社,2011年版,第170页。
② 黄明山:《浅谈和谐企业文化的构建》,《企业导报》,2012年第4期。

继承和发扬了东方儒家文化传统中注重和谐与伦理的基本优良传统，形成了一个以效率与和谐为中心的企业组织文化。一个企业，如果自己没有优秀的企业文化作为支撑，企业就很难发展。中国企业文化的发展历程说明，和谐理念促进了中国企业文化的形成与发展，而中国传统文化强调的兼收并蓄，也强化了和谐思想在组织文化中的核心地位。

### (二) 和谐企业文化是企业可持续发展的基础理念

企业作为一个有生命的有机体，强调以和谐作为企业文化理念的根本目的，就是要给企业的长期发展奠定一个稳定的基础，保障企业生存在良好质量环境的前提下促进企业的发展，这是企业能够可持续发展的根本理念保障。一个简单的道理，企业在生产经营过程中，不仅要考虑短期利益，同时也要考虑长远利益，必须要将两方面的利益有机地结合在一起，这样才可以使企业获得可持续发展。和谐文化理念是企业保持自身稳定、持续发展的内在本质理念要求。它可以在组织内部形成一股团结协作、积极向上的力量，从而把企业的生存环境优化到最佳的状态；它也可以在企业内外营造一种有利于企业发展的良好组织环境氛围，适度地、恰当地处理好企业与供应商、销售商、客户、社区、社会、自然之间的关系，从而避免和减少可能出现的摩擦、冲突和矛盾，有效形成企业各部门之间相互协作、相互支持、相互配合的良好运转体系。这既是企业管理智慧的体现，也是企业可持续发展的内在需要。

### (三) 和谐企业文化是培养组织核心竞争力的关键

当今世界的竞争可以被简单地归结为品牌的竞争、人才的竞争和技术的竞争三个方面，而要把品牌、人才和技术培育集聚在一起形成强大的生产力，就离不开企业文化了。在产品、知识、技术等体现企业核心竞争力的诸多要素中，应该说，企业文化是最重要的。和谐企业文化理念，正是培育企业"文化"核心竞争力的关键。建设和谐的企业文化，能够有效促进企业内部形成和谐的组织文化氛围，从而使员工满怀愉快的心情积极投入工作当中，进而激发出企业员工的个人潜能与能力，以提高其在工作过程中的投入度、积极性和创造性；建设和谐的企业组织文化，能够有利于企业内部各个部门之间提高工作效率、增强合作、避免内耗，提升组织的整体发展水平；建设和谐的企业文化，也能够加强企业与销售商、供应商、外部客户、竞争对手、社区、政府和社会等各个方面之间形成良好的合作关系，既增强了企业的凝聚力,也塑造了品牌的亲和力,同时,还赢得了社会的广泛支持,完善并促进了企业核心竞争力的培育与发展。

(四) 和谐企业文化是树立企业良好社会形象的理念保障

和谐的企业文化更加强调企业的社会责任意识。比如,从客户角度而言,进行和谐企业文化建设的企业,常常会以客户为出发点或对象考虑企业的经营和服务状况,这类企业往往将客户的利益与企业的利益紧紧地捆绑在一起、融为一体,将追求经济利益和履行社会责任紧密结合,从而提供优质的产品和服务,使自身企业比同行业的竞争对手更能获得消费者的认可和支持,最终实现企业资产与价值的最大化和增值。从社会而言,进行和谐文化建设的企业在对外交往中,其和谐的理念能够使员工对企业充满自信、自豪感和归属感,从而以好的精神风貌服务于社会,积极地向社会展示公司良好的经营状况与管理风格,最终给广大的客户、市场和社会树立起企业良好的社会组织形象,进而获得社会大众的广泛支持,从而有效地提高企业的美誉度。

## 第二节　和谐企业文化体系

### 一、和谐企业文化的物质体系

物质体系是和谐企业文化体系的重要组成部分,其主要内容涉及企业生产的产品和提供的服务,以及企业的产品包装与设计、生产过程、企业广告、企业环境等方面的和谐。

(一) 优质的产品和良好的服务

企业生产与提供的必须是高性价比的,能为消费者带来更多效用水平的,有完善的售后服务的,同时还可以为社会节约投资成本的产品。只有这样,企业才可能以最少的资源消耗创造出最大的社会与经济价值。也可以简单地认为,尽可能高效率地、合理地使用各种自然资源、经济资源与社会资源以创造最大的利润,就是企业最基本的社会责任。因此,和谐的企业物质文化要求企业必须识别自身的资本优势、人才优势和技术优势,凭借这些优势坚持诚信生产与经营,确保产品的质量和优质的服务,增强客户的企业满意度与忠诚度,让客户买得轻松、用得放心,进而提升企业的市场信誉与声誉。

### (二) 与组织环境相和谐的生产过程

和谐的企业应该具有一个良好的环境文化道德伦理基础，而且将良好的企业环境文化观念深深植根于企业组织内部。为了人类的生存和经济的可持续发展，企业必须坚决杜绝为了短期的经济利益，开展高消耗、高污染的项目，破坏自然环境的生态平衡。另外，企业也要经常开展有效的生态环境文化教育，引导员工们树立维护生态安全、保护自然环境的责任意识。

### (三) 安全、舒适的企业内部环境

企业应该不断地完善公司的厂容厂貌、生产与办公环境、员工的休息与娱乐设施环境、员工的居住设施与环境等，使员工的工作与生活，处在一个安全与舒适的企业内部环境当中，使员工在轻松愉快的环境中工作，以最大可能地调动与发挥员工的工作积极性为出发点，提高员工的工作投入度，从而提高工作效率，进而推进企业的和谐发展。

## 二、和谐企业文化的行为体系

行为体系是和谐企业文化体系的另一重要组成部分，它涉及的内容主要包括企业家行为、企业生产经营行为、企业中的人际关系活动、企业教育宣传活动、企业文娱体育活动中所形成的和谐文化现象。

### (一) 优秀的企业家行为

根据建设和谐企业文化的要求，企业家必须要树立构建和谐企业的远大战略目标，要具备丰富的专业知识与技能，要积极关注企业与环境的共同协调发展，要遵纪守法，要不断提高管理能力与水平，要不惧风险、百折不挠，要富有创新意识与精神，要能够带领企业员工为了实现组织的战略目标而不懈努力。

### (二) 积极向上的员工行为

要培育和谐的企业文化，自然也离不开企业全体员工、企业群体、企业部门、企业团队的和谐。这就要求企业能够采取科学、合理和有效的制度及措施，激励全体员工努力工作，通过一系列制度构建，把员工的工作和人生目标紧密地联系起来，使他们以积极向上的工作态度投入工作当中，以敬

业、勤劳、认真的行为规范指导自己的行为,从每一件工作中的小事做起,将个人的职业价值观与企业价值观紧密地融合在一起。另外,也要激励企业中的所有群体、部门以及团队勇于开拓、勇于创新,让其中的每一位员工都认识到企业文化是企业最宝贵的财产之一,也是个人和企业成长都必不可少的精神财富。

### (三) 富有责任感的企业行为

建设和谐的企业文化,要求企业实施具有责任感的组织行为,为推动地区和社会的进步以及环境的持续发展做出贡献。比如:企业积极参与捐资助学、捐赠灾民、扶助社会弱势群体等各种社会公益活动;企业逐步建立养老、医疗、扶贫等长效保障机制,切实解决企业员工的实际困难;企业也要积极支持地方产业的发展,尽可能地吸纳更多的劳动力就业。例如,在2008年的汶川大地震发生以后,许许多多的企业纷纷捐款、捐物,为灾区的人民送去了及时的援助与温暖;而在2009年,很多企业虽然受到了金融风暴的冲击,生产经营状况受到严重影响,但是,一些企业仍然坚持不裁员,坚持与员工一起共渡经济发展难关,为减少社会与地区失业率、维护社会与地区的和谐稳定做出了自己的贡献。

### 三、和谐企业文化的制度体系

和谐企业文化的形成与发展,具体有赖于各项制度的形成、完善与落实,因此,企业组织要积极构建自己的和谐企业文化制度体系。

### (一) 统一、通畅和协调的领导体制

统一、通畅和协调的领导体制是和谐企业文化制度体系建设的核心内容。这种体制可以协调企业组织内部管理者与所属员工之间的依存关系,是保证企业的经营方针、经营目标和经营战略获得有效实施的内在机制。

### (二) 高效、合理的企业组织机构

建立高效、合理的组织机构,也是和谐企业文化制度体系建设的重要内容,其核心在于对员工责任意识或责任感的培养。增强员工责任意识或责任感的关键环节,就是建立高效、合理的企业组织机构,加强企业管理队伍的培养与建设。比如,建立和完善对基层管理者的考核任用机制、教育机制,在管理岗位实行公开竞聘上岗的制度,充分调动管理类员工的工作积极性,

给他们提供公正、公平的竞争机会。

### (三) 科学、合理、实用的企业管理制度

科学、合理、实用的企业管理制度是和谐企业文化制度体系建设的具体实施内容，它一般包括企业人事制度、生产制度、绩效考核制度、工资制度、福利制度、民主管理制度，等等。通常意义上讲，企业必须保证每项管理制度都做到科学、合理和实用，只有这样，整个企业管理制度体系才能够实现和谐的目标。和谐的企业管理制度，应该能够让员工感到满意，使员工的各项工作与活动得以有效合理地进行。

## 四、和谐企业文化的精神体系

构建和谐企业文化的精神体系，是一种较为深层次的文化现象，它在整个和谐企业文化系统中处于一种基本核心的地位。一般来说，这种和谐的精神体系主要包括和谐的企业宗旨、企业发展目标与企业基本价值观等。

### (一) 具有强大凝聚力的企业宗旨

通常来说，企业的精神文明建设与企业的物质文化建设，往往是相辅相成与相互促进的。一方面，企业精神的形成与发展有赖于企业物质生产经营活动的存在和发展；另一方面，企业精神文化对企业的物质生产又具有一定的反作用。而要培育具有强大凝聚力的和谐企业精神，就更需要与和谐的企业物质文化建设相适应，以此实现提高产品质量、保护生态环境、节约自然资源和感恩社会的目标。

### (二) 兼收并蓄的企业发展目标

企业经营哲学是一个理论概念，它具体是指企业在生产经营管理的过程中，所提炼出来的世界观和方法论，它是一个企业在处理其内部员工与员工之间的关系中，形成的具有普遍意义上的意识形态与文化现象。在企业经营哲学的影响因素中，民族文化传统对其影响最大。当今社会正处于经济全球化的大背景下，许多跨国企业面临着多文化的交叉与跨文化的影响，此时，只有有效融合各种不同的文化习俗和思维习惯，实现跨文化的合理借鉴，才能从根本上建设积极有效的和谐企业文化。所以，只有对企业经营哲学和跨文化问题进行深入了解和理性对待，才能做到取长补短，形成兼收并蓄、企业独特的经营哲学，这是和谐企业文化建设的一个关键。

### (三) 以员工为本的企业价值观

企业的生产经营有赖于各种生产要素的有效投入。在这些生产要素中，员工是企业最宝贵的财富。因此，企业必须要建立以员工为本的价值观，把崇尚人性、恪尽职守、无私奉献、爱岗敬业、实现自我等多方面的文化精髓融入其中，在结合企业实际情况的同时，力求能够得到广大员工的认同与支持，从而在企业组织内部形成一种良好的精神氛围，以积极维护企业员工的各项权益，通过公正、公平、公开的方式实现和谐。然后，以推进企业的稳定保证和谐，以促进企业的发展推动和谐，以倡导企业的创新建设和谐，从而最大限度地发挥企业价值观的凝聚力和激励作用。

## 第三节 建设和谐企业文化的策略

构建和谐企业文化，关键在于处理好企业内外各利益相关主体及各方之间的关系，以和谐的机制营造和谐的氛围，通过贯彻与落实建设和谐企业文化的各项策略，从而积极促进与推动企业的和谐发展。

### 一、成立和谐的企业文化建设组织机构

和谐企业文化的建设是一项系统完整的工程，它通常包括企业对内的组织文化建设和对外的组织文化推广，无论是哪种文化建设工作，安排专门的企业机构来承担该项工作，显然是非常重要的。在实践中，如果单纯仅仅由公司的某一个职能部门来负责整个企业的文化工作，在工作时可能会缺乏系统和专业的思路，显然不利于组织文化的建设工作。比如：企业人力资源部负责的企业文化工作可能会偏重于组织内部员工的凝聚力建设；企业行政部或办公室负责的企业文化工作，可能过多地偏重于企业的形象宣传；企业党委、工会负责的企业文化工作则可能偏重于思想政治建设方面；等等。因此，和谐企业文化建设要取得更好的效果，就必须注重平衡发展，方方面面都要兼顾到。如果仅仅只是偏重于某一个职能方面的工作，把日常职能工作的一些内容反映到文化建设工作中，往往会使企业文化工作或任务的完成效果出现变化，最终使得相关工作效果大打折扣。所以，对于和谐企业文化的建设工作而言，要把它看作是一项专业和专门的工作来对待，要在企业内设置专门的机构来完成。要避免组织的职能部门来分担这项工作，这样就可以做到自始至终、始终如一，杜绝或者减少组织文化建设工作一阵风接着一阵

风的现象。

总之,企业要建设高效的企业文化工作,就必须考虑设立专门的企业文化建设组织机构,而且这一组织机构本身内部建设就要和谐,而且,有关工作人员确实属于从事文化工作的专业人士,而不是那些所谓的"万金油"人员。只有这样,才能成功地开展和进行一个公司的和谐企业文化建设工作。一般来说,和谐文化建设的机构应该由公司最高层领导者直接负责和领导,然后由文化建设机构的有关负责人具体负责落实和谐企业文化的设计和推广工作。其工作内容主要包括:制订和谐企业文化建设的具体实施方案;对企业员工进行和谐企业文化建设的培训和教育;积极管理企业的文化传播媒介;等等。从企业实践的角度而言,一些企业在自己的公司同时设置企业文化委员会和企业文化部,采用二级负责的体制:企业文化委员会主要负责和谐企业文化建设的战略制定与指导;企业文化部则主要由企业内部承担和谐文化建设工作的员工组成,具体负责落实委员会制定的和谐文化建设战略,制订和谐企业文化实施计划等工作,效果也比较好,可以在一定范围内进行推广。

## 二、加强企业内部和谐文化建设

### (一) 建设企业与员工之间和谐的文化

员工是和谐企业文化建设贯彻与实施的主体。因此,企业与员工之间的和谐程度,从某个方面来说,是评价和谐企业文化建设的重要指标或标准。

1. 贯彻以员工为本的基本原则

一般说来,贯彻以员工为本的原则主要体现在五个方面:一是要建立和健全企业的民主管理制度,要有效增强企业员工的主人翁意识和社会责任感,让广大员工对公司事务有知情权、参与权和监督权,从而提高员工的工作努力程度。二是要加大对员工人力资本的投资,要通过各种组织培训的方式帮助员工提高自己的知识、技能和能力,从而增加他们的自我价值评价和对企业的业绩贡献度。三是为企业员工创造一个能够通过多种形式、多种渠道,获得职业成长的路径,给员工的个人发展提供众多的机会,拓宽大家的职业发展通道。四是要承认企业员工在知识、技能和能力方面存在的差异性和多样性,在充分尊重员工的工作业绩和人格尊严的前提下,善于发现员工的优点和长处,尽可能地做到人尽其才。五是要积极耐心地倾听员工的心声,方方面面都要为员工着想,实实在在地为广大员工办实事,充分关心员工的各项生活福利,帮助员工解决他们在工作和生活中遇到和面临的各种困难和问题。

2. 营造公平、公正、公开的工作环境

和谐的企业必须在公司内部积极营造一个公平、公正和公开的员工工作与组织发展的环境。具体而言,主要是要做好如下几个方面的工作:一是要建立公平、公正的组织内部员工竞争上岗制度,要根据"人职匹配"的基本原则,通过科学、合理地公开竞争,让真正有知识、技能和能力,以及胜任岗位的优秀员工担任相关职位,以便吸引和留住人才。二是要在公司内部建立公平与公正的绩效考核制度和机制,将员工个人的绩效考核结果作为员工获取绩效工资,以及晋升和提拔员工的重要依据,在一定程度上激发组织成员努力工作、不断进步的积极性,从而积极主动地投身到为企业组织的长期发展而奋斗的工作之中。三是要建立公平、公正、公开的经济利益分配机制,要坚持按照员工的实际贡献作为分配依据的原则,贡献大拿得多、贡献小拿得少。要在充分考虑员工个人价值的基础上,尊重和承认员工在各个方面的不同和差异性,建立人性化的薪酬与福利分配制度,使员工的利益分配更加科学、规范与合理,最大限度地调动员工的工作积极性、主动性和创造性,从而为企业的可持续发展注入更大的动力。

3. 培养员工的心理和谐

长期以来,国内很多公司组织并不是很重视员工的心理健康与自我和谐问题。事实上,员工的心理和谐对其个人,乃至企业的发展都是至关重要的。一般而言,要培养员工的自我和谐心理,一是要引导员工提升自我效能感,树立工作和完成任务时非常自信的信念。要在公司内部大力提倡在员工与员工之间,实现相互尊重、相互信任和相互支持的良好组织氛围,进而不断地提高组织成员的人际和谐度,增强企业组织对员工的亲和力、向心力、凝聚力。二是要利用一切有效的宣传方式与手段,培养和开发公司成员乐观的积极归因方式,以及对未来充满希望的积极心理状态。要积极引导全体企业组织成员学习和领会心理状态和谐的深刻内涵与意义,为员工的心理和谐打下良好的心理基础。三是要对内心存在问题和障碍的员工,进行合理的心理疏导和人文关怀,引导他们正确地认识自己、他人、企业和社会,正确地认识挫折、困难和问题,提高他们的韧性和挫折复原力,进而增强和提升他们对待工作与生活的主观幸福感,引导和培养员工完整、系统的良好人格。四是要通过心理健康咨询网络和网站,定期或不定期地举办心理健康讲座或者培训,大力加强对员工的个人心理健康教育与开发,塑造广大员工理性平和、自尊自信和积极向上的个人心理品质和心理状态，促进员工的自我心理和谐。①

**(二) 构建员工之间和谐的文化**

员工是一个企业组织的基本构成细胞，员工之间如果可以实现融洽相处或者和谐的人际关系，将对于建设社会主义的和谐企业具有重要的影响和作用。因此，只有妥善、有效地处理好员工之间的人际关系，并营造轻松愉快、良好的和谐人际氛围，才能在企业内部形成强大的向心力和凝聚力，也才能不断地推动企业组织向着目标持续地进步和发展。

1. 建设和谐高效的团队

在实践中，推动企业的可持续发展完全不可能只凭借领导者或高层管理者，以及少数几个企业核心员工就能把工作做好的，而必须大力依靠组织内部所有员工之间的通力合作、团结协作与共同努力，才能有效地完成任务。所以，要构建高效和谐的工作团队。如何建设高效的工作团队呢？不是简单地把少数几个员工编成一个工作小组就可以的，显然这样是无法达成目标的。在团队实践中，必须充分考虑每位组织成员的个人兴趣、人格、专业与能力，做到"人事匹配"——将每一位员工都安排在一个最合适的位置和岗位上。否则的话，就可能无法建立起和谐、优秀和高效的工作团队。而且，如果团队建设不够和谐的话，事实上不但不能有效地提高团队集体的工作效率，甚至有可能出现一种完全相反的情况，那就是"社会惰化倾向"——多人工作的团队，比员工个人独立工作时的效率还要低。因此，在团队工作当中，每位团队成员要确定能够积极认同团队的目标，能够为完成集体的目标而不懈地努力。一般来说，在东方文化的氛围里，非常强调团队或集体的整体利益要高于员工个人利益的，基于此，团队的成员必须在有效实现集体目标的前提和条件下，进而相互之间可以获得支持和帮助，也只有这样，才能提高团队的整体工作绩效。因此，只有使每一位员工都理解这一点，从而使团队成员和团队集体一起获得成长，进而在团队合作的过程中，积极有效地促进企业员工之间的和谐。

2. 强化协调部门的职责

在企业当中，人力资源部门和其他各职能部门的负责人，必须能够协调

---

① 周玉，马建军：《构建和谐社会中的心理和谐及其实现路径》，《四川理工学院学报（社会科学版）》，2010年第1期。

企业整体利益和员工个人需求之间的矛盾，以提高企业组织的整体产出效率和活力水平；另外，企业必须积极地为员工搭建高效的交流平台，从而促进和加强员工之间的协调、合作与沟通，并在员工当中倡导一种积极的伙伴关系和朋友关系，最终在组织内部形成浓厚的相互谦让、相互尊重与相互信任的氛围。除此之外，他们又要能够通过积极协调员工之间的各种关系，以有效提高企业的凝聚力和向心力，从而保证企业总体目标的实现。不过，当员工之间出现问题、矛盾和冲突时，企业组织的协调部门必须协助管理层和各部门负责人及时地进行沟通与处理，从而避免组织内部员工之间的人际关系紧张，以及小集团主义和个人本位主义盛行等不和谐现象的发生，以维护企业组织和谐融洽的人际环境，最终形成推动企业发展的长效、强大合力。

3. 营造相互学习的组织氛围

根据现代企业理论与实践的发展，企业应该在其内部营造相互学习的良好组织氛围，以便能够使拥有相关知识、技能和潜能的核心知识型员工，在心理上获得满足，从而最大限度地调动他们的工作积极性、主动性和创造性。根据企业管理实践，对于核心知识型员工而言，他们这个群体普遍对良好的工作环境，以及可以得到学习、进步和提高的组织氛围比较感兴趣。另外，营造相互学习的组织氛围，又能使年龄比较大、经验相对比较丰富的员工得到进一步施展才能的机会。他们完全可以向其他年轻的、经验比较缺乏的员工传授自己的工作知识与经验，这是一种非常好的企业文化现象。目前，国内很多企业提倡一种"师徒式"的方法，具体就是让拥有一技之长、专业知识和经验丰富的老员工，一对一地向技能较低和经验相对不足的新员工传授知识与技能。在这种具体的培训实践活动中，通过具体师徒关系的有效确定，双方都能够在心理和态度上产生责任意识和责任感，师傅会尽可能教授自己的徒弟，通过徒弟的不断进步与成长来证明自己的能力，徒弟也会好好地把握这个机会，向经验与知识丰富的老员工虚心请教和学习。这样的话，既能够使员工在相互学习的过程中增进交流、加深感情，同时又能够通过双方的共同努力，有效提高员工的整体素质和技能水平。

(三) 建设上下级员工之间和谐的文化

一般说来，在企业组织内部建立一种稳定、健康、有亲和力的上下级员工关系，可以积极有效地提高企业组织的产出、业绩和工作效率。在企业实践中，通过加强各方管理者与员工之间的相互沟通、合作与关怀，可以很好地解决上下级员工之间的问题、矛盾与冲突，从而有效促进公司内部上下级员工之间关系的良性互动,这对于建设和谐的企业组织文化,提升企业组织的凝聚力、向心力和归属感具有非常重要的影响和作用。

1. 建立多层次的员工沟通平台

在企业内部,建立有效的上下级员工之间的沟通平台和机制,对于加强员工之间的良好沟通,形成组织内部的和谐关系,具有积极的作用。这正如松下幸之助所说:"伟大的事业需要一颗真诚的心与人沟通。"① 因为,企业内部的良好沟通,是保持企业上下级员工之间相互联系、信息传递、交流感情与有效合作的一种重要形式和手段,它是一种积极消除员工心理障碍的桥梁和润滑剂。具体实现方式,主要是运用多渠道、多途径的沟通方式,建立多层次的沟通平台和沟通机制。比如,企业组织应该营造良好、健康的企业网络文化,建立和健全全面、完善的内部沟通网络,等等。这样除传递各种有价值的信息以外,而且还可以使企业管理者及时了解员工的最新思想和动态。除此之外,公司还常常采取领导信箱、领导接待日、定期会议、员工意见调查、管理者与员工不定期谈心等方式,给每一位员工与上级管理者能够直接面对面交流沟通的机会。这样也就可以在企业当中,形成一种相互沟通的良好组织气氛,从而实现企业组织内部的和谐。

2. 发挥领导者的优秀表率作用

古语有云:公生明,廉生威。这句话是在说明组织中的领导者,应当在工作过程中起各方面的优秀表率作用。具体来说,主要包括:一是企业领导者要培养自己体察下属的良好习惯,改变少数管理者那种"唯我独尊、高高在上"的领导作风。现代企业领导者要学会更多地用个人人格魅力、非正式影响力以及专家权威来影响员工的工作态度和行为,而不是仅仅依靠职位权威去单纯发号施令。二是企业领导者要加强民主管理,要培养自己的民主管理作风,多与下级员工交流和沟通,多听取组织成员的个人意见,增强下级员工对组织的归属感。三是企业领导者要在工作当中或者工作之余,积极主动地建立、培养和维护与下级员工之间的良好关系,增强相互之间的信任与感激,在可能的情况下,积极发展与普通员工之间的私人友谊。当下级员工遭遇到困难、挫折与问题的时候,能够及时地向他们提供各种支持和帮助;而当员工在工作中犯错误的时候,也不要护短、不要埋怨,要敢于批评,从而帮助和团结下级员工,使他们能够迅速改正所犯错误,重新振奋起

---

① 黄乐览,黄伟萍:《心理和谐是社会和谐的基础》,《广东第二师范学院学报》,2011年第1期。

来积极投入各项工作当中；当员工在工作中遭受到不公正待遇和受到排挤的时候，企业上级领导者要敢于向更高层直言，敢于维护自己所属员工的各项权益。另外，企业领导者也不要在下属员工队伍中任人唯亲、拉帮结派，要在整个企业当中努力形成整体协调与合作的良好组织氛围，从而赢得广大员工们的配合与支持。

3. 注重上下级员工之间的心理调适

要在企业组织内部建立起和谐的上下级关系，要注重员工的心理调适。要做到这个方面，就需要上下级员工双方都对自己有准确、合理和恰当的心理定位，要互相尊重、互相信任、相互支持，相互关心。一方面，作为上级管理者，要有师者之心，尽"传道授业"之责，要让下级员工认同和接受企业的核心价值观，将和谐企业的文化理念完全渗透到员工的思想当中，并能够自觉地转化为他们的行动。在实践中，如果企业员工的思想与情绪出现了偏差或问题，要尽量主动地去观察和了解员工的内心世界，并与他们进行有效的沟通，采取具体、积极、合理的对策来赢得员工的信任和忠诚。另一方面，作为下级员工，必须对自己进行准确、恰当的心理定位，也需要对自己所处的角色有合理的认知，以良好的态度与观点来处理好与上级管理者之间的关系。对待上级管理者，下级员工应该保持充分、足够的尊重，要积极维护领导者的权威和威信。对于任何事情，下级员工都不能通过贬低上级与损害其权益的方式，来抬高自己；下级员工要积极努力地工作，出力但不越位；对于自己没有权力参加的决策，下级员工决不能随便参与，更不能进行干涉；当所提出的建议未能得到上级领导者采纳时，下级员工只能采取利害陈述法、反复提出法和事实启迪法，向上级管理者合理提出；当发现上级管理者出现严重的问题或失误时，下级员工必须及时采取有效的沟通方式进行纠偏，从而积极有效地为企业的整体利益服务。

(四) 建设企业职能部门之间和谐的文化

职能部门在组织的发展中具有举足轻重的作用。企业职能部门之间关系的和谐与否，在很大程度上直接影响着企业组织的运行效率。由于企业中各个职能部门都有着各自不同的工作目标，而他们之间具有不同的做事方式和决策习惯，又要经常相互协作、相互配合工作，这使得职能部门之间很容易产生矛盾和冲突。因此，组织中建立职能部门之间的和谐关系，把部门冲突限定在可以接受的建设性冲突的范围之内，从而消除或杜绝部门的本位主义，相互之间能够共同为了企业价值、资产与利润最大化的最终目标而努力，这是建设和谐企业文化的应有之义。

1. 明确各职能部门的职责

在企业实践中，各职能部门的职责不够具体、不够明确，常常会不断地出现一些新问题，而这很容易导致企业各部门之间要么竞相插手，要么相互推诿，直接导致组织内部部门之间产生冲突。在组织中，这是一个非常普遍的现象，这种现象显然是与和谐的企业文化背道而驰的。为了顺利解决这些问题，企业应该系统地制订各个部门的工作目标，以及要实现的具体计划；要明确各个部门中每一个岗位的具体工作职责、工作程序和工作方法；要使各个职能部门在工作过程中，能够按照既定的工作程序和方法去执行计划，从而尽可能地减少部门之间的摩擦与冲突，从而保持组织工作的连贯、衔接和一体化。一般来说，各个职能部门之间能够分工明确，正是为了在员工之间能够实现有力的协作或合作。因此，企业组织确实需要为各个职能部门制定一些共同的目标，这样的话，就能使各部门在相互合作的基础上也能够寻求其自身的发展。所以，只有各个职能部门各司其职，同时进行有效的沟通与合作，才能共同推动企业的整体和谐发展。

2. 建立职能部门之间的服务链

在许多企业里，由于各个部门绩效考核的相互分割，有的部门常常从本位主义的角度出发，只顾将本部门的利益最大化，从而引发了与其他部门之间的冲突。比如，企业营销部门常常希望有丰富的产品种类和较多的库存，以便随时满足各类客户的差异化需要，但是生产部门却希望少品种、大批量地生产产品，以通过规模效应的方式来提高企业生产的效率，这就容易出现生产部门抱怨销售部门，销售部门怨广告部门，广告部门怨财务部门的情况。事实上，企业职能部门之间关系的和谐，关键在于要把企业组织工作流程建立和完善起来，有效地理顺各个职能部门之间的工作结构关系，形成一种以价值创造为中心的横向协作关系以及相关协调机制，从而杜绝或者避免以部门本位主义为基础的特殊企业组织心理。所谓以组织价值创造为中心，就是指从企业技术开发到原材料采购，再到生产管理与产品营销，这样一个企业价值创造和实现的整体过程。通常而言，企业人力资源和财务等职能部门，常常是围绕主要流程的快速流动来服务的。因此，组织运用和谐的理念来处理各个职能部门之间的关系，要求企业积极建立以围绕价值创造主要流程来服务的制度与体制，要树立起企业价值链上游为下游服务的合作流程意识，并将相关职能部门的行政命令转变为组织支持服务机制，从而在企业组织内部建立起和谐的部门服务链条。

## 三、加强企业外部和谐文化建设

### (一) 建设企业与客户之间的和谐文化

组织中,和谐的企业与客户之间保持一种和谐的关系,对企业来说,是一种有价值的、无形的核心资产或资源。这是因为企业所生产的产品和提供的服务,最终都是给客户的,客户是否购买公司的产品和服务,直接影响到企业的收入和利润。因此,企业必须尽可能地保持与客户之间的和谐关系。另外,对于一些老客户或者有联盟关系的消费者而言,和谐的客户关系可以提高他们对企业的组织和品牌忠诚度,还可以为企业组织在市场上建立和提高良好的美誉度,从而有利于稳定和提高公司的业绩水平,并使其经济收入和效益得到切实的保障,最终实现企业与客户的双赢。如何实现企业与客户之间的和谐文化,具体来说,包括以下几个方面的内容。

1. 树立以客户为中心的发展战略

如何有效地建立企业与客户之间的和谐关系,一个基本的思想和理念就是,必须永远将客户或者顾客的需求摆在企业客户管理活动中的首位。只有不断地在客户管理工作中强调以客户为中心,真正把客户或消费者的需求当做是企业的根本和长远战略需求。为此,企业要建立长期客户或者战略客户导向的专门客户管理机构,将关注的聚焦点集中于以长期或战略客户为主和基础的各种外部社会资源方面,坚持长时间地关注和了解客户的各种产品或服务需求,积极有效地发现和挖掘广大客户的各种需求潜力,按照客户的需求个性化和需求差异化原则,来设计和完善企业所提供的各种产品或服务,最终提高客户的满意度。一般来说,各个客户对产品和服务的需求并不完全一致,因此,必须针对不同客户、顾客或消费者的消费理念、消费习惯以及经济收入水平,对客户目标群体进行具体明确的市场细分,从而开发、设计出各式各样适合不同客户群体的个性化和差异化的优质产品与服务,进一步稳定那些与企业保持长期战略关系的大客户群。

2. 塑造企业对客户的诚信精神

诚实守信是和谐企业文化思想体系中的一项核心内容,它是一个公司维护和谐客户关系必须遵守的、最基本的必要文化精神条件,也是一个企业获得与维持品牌竞争力和企业价值的重要标志。所以,企业必须在各项与客户有关的生产、经营、运作和管理活动中,大力塑造、维护和倡导诚实守信的理念,来积极有效、主动地履行企业对消费者所承担的社会责任。另外,企业在经营销售活动中，要恪守"重合同、守信誉、严格履约、坚持诚信经营"的原则，奉行"信誉高于一切"的市场道德准则；必须严禁生产各种假冒伪劣商品，坚决反对欺诈，积极确保所提供产品和服务的质量水平，杜绝一切损害客户的人身和财产安全的生产和经营行为；要牢记对消费者的客户责任，在各项经济活动中，坚决要将诚信理念放在追求经济利润之前，在客户中树立起良好的企业客户责任形象，从而赢得广大客户的长期信任与组织忠诚度。

3. 建立优质客户关系管理系统

客户管理系统（CRM），是现代企业服务于客户，有效管理客户的重要举措。具体而言，它是通过网络、网站等现代化的信息技术，来对广大客户尤其是有战略联盟关系的大客户进行管理，从而建立起与客户的长期战略伙伴关系，进而提高客户对企业组织的忠诚度，实现企业与客户之间的双赢。在组织实践中，一个企业要建立企业客户关系管理系统，就必须客观、及时、有效和准确地对广大客户以及客户群，进行专门和系统化的研究。以长期持续地有效满足客户的各种需求为基础条件和实现目标，有效地开展对广大客户市场细分，进而积极主动地改进企业客户管理业务流程和组织管理体系。客户关系管理系统涉及网络、信息和数据，所以企业必须提供系统、完整与动态的客户数据查询和管理功能，并实时地监控大客户或战略客户的实时交易资料，以及历史交易行为等信息；在可能的情况下，客户关系管理系统还要提供快速、有效而安全的交易方式，如网上销售、电话销售和移动销售等，为广大客户提供交易便利；同时，企业管理者或服务者在利用系统进行客户关系管理的时候，要有效和准确地了解与掌握大客户或战略客户的消费偏好和习惯购买行为，为最终提供具有针对性的个性化优质服务做好充分的准备。

4. 与客户建立长期战略伙伴关系

随着市场经济的不断深入发展，企业与客户之间的关系显得更加紧密，双方开始逐步建立起更具有协调性与合作性，可以共同实现一种双赢的利益关系。基于上述认识，在建设、构建和完善和谐客户关系的过程当中，企业应该积极主动地通过一系列的措施和实施办法，与客户建立起长期的战略伙伴关系。具体而言，企业必须通过持续改进产品质量与售后服务水平，来建立、维护和保持客户对企业的组织忠诚度，从而积极有效地密切与客户的长期伙伴关系；企业必须通过各种社会资源的整合，实现与客户的信息、资料和数据共享，创造一种企业与客户之间的"你中有我、我中有你"的相互依存的局面，进而与客户形成一种具有实质意义上的命运共同体；企业必须立足企业实践，着眼于企业发展和未来，以客户满意度为有效标准，通过加快新产品的开发，加强创新和创优，坚持与时俱进，建立、健全和完善给客户所提供优质产品与完整、系统服务的可持续发展机制。

### (二) 建设企业与竞争对手之间和谐的文化

在市场经济条件下，一个企业显然不可能在市场环境当中单独和孤立地存在。组织要生存和实现长期发展，就必定会与同行业中的各类竞争对手之间发生各种往来业务和经济关系。基于此，企业必须正确处理与竞争对手之间的各种关系，在可能的情况下，要把同行业中的竞争对手看作是伙伴或盟友，通过一定程度上的互相促进、相互支持和相互合作，实现双方的共赢，最终推动社会主义和谐企业的长期发展。

1. 营造和谐有序的市场竞争环境

一般来说，市场竞争可以帮助一个企业保持自身的活力与斗志，从而推动一个企业实现可持续发展。从现代市场经济发展的特点和趋势来看，传统的商场如战场的激烈竞争策略早已过时，不再符合现代和谐社会与和谐企业建设的基本要求。从这个角度而言，企业应该改变过去那种相互拆台、相互倾轧的不规范市场竞争行为，摒弃无序的恶性市场竞争，积极有效地营造和谐有序的市场竞争氛围和环境，进而从根本上完善和维护正常、良好的市场秩序。从具体措施方面而言，企业可以通过和竞争对手的信息数据库进行对接和比较，从中发现自己与竞争对手相比可能存在的优势和劣势，以及市场竞争可能给企业自身带来的机遇与威胁，从而不断提高企业自身的竞争能力和水平。在国外的企业实践中，美国福特公司的销售就曾经落后于欧洲国家的一些汽车销售商，福特公司正是通过对竞争对手的优势进行完整、系统的研究，然后有针对性地对自己所生产的汽车进行改进与提高，生产出在性能和功能上超越竞争对手的汽车产品，最终赢得了市场竞争[①]。

2. 加强企业之间的合作寻求共赢

严格来说，每一个企业的长期和可持续发展，在一定程度上依赖于与其他企业进行不断的交流与合作。因为组织与组织之间只有形成合作，才可能真正地从实践中产生共赢，进而才能促进共同的发展。所以，所有企业都应该牢固树立"竞争合作"的观念——在竞争中不断加强交流与合作，以实

---

① 杨玉秀：《论企业外部和谐的构建》，《兰州商学院学报》，2007年第3期。

现双方或几方的共赢。从这个方面而言，要积极地改造传统的生产方式与体系，深刻地认识到现代社会化大生产和分工协作体系的性质与特点，大力构建跨企业、跨地区、跨区域乃至国际化的合作体系，从而加强企业之间的有效联合、优势互补、信息分享和资源共享，最终形成各个企业经营有道、合作有力、共同发展、多方共赢的大和谐局面。比如，浙江虹越公司就是实现与竞争对手合作共赢的成功典范。当虹越公司的顾客在公司中没有发现自己想要的产品时，公司的服务人员就会立即告诉这个消费者哪家公司会有此产品，并且积极帮助客户找到竞争对手企业的所在地与销售场所。通过这样的良好合作行为，浙江虹越公司加强了与竞争对手企业的长期合作，也完全赢得了广大客户的好评和竞争对手的赞誉，从而使公司能够在广大客户中建立起良好的品牌形象，在同行业内迅速地成长和发展起来。①

3. 培育和发展行业协会

伴随着市场经济的快速发展，行业协会在加强行业内部的自律、增进企业之间的合作、推动市场的公平竞争、维护市场的良好秩序等方面发挥着非常重要的作用。它能够在行业内部，积极地协调其中各个企业的长期发展。关于这一点，主要表现为：行业协会可以以中间人的身份，介入到发生冲突与矛盾的企业之中，通过协商、调解和裁决的手段和方法，解决和化解企业之间的各类矛盾与冲突；行业协会可以通过自己的运作方式和手段，处理和解决一个企业在发展过程中遇到的各种繁杂的事务性工作、困难与难题，帮助和协助相关企业迅速摆脱困境；行业协会可以帮助企业改善与提高其经营管理质量与水平，不断提高企业的市场竞争力与创新力，加快行业内部企业的科技创新步伐；行业协会还有助于推动企业开展国内外的经济技术交流与合作，大力支持企业开拓国外市场，参与国际市场的竞争，从而有效地推动企业的和谐和发展。

### (三) 建设企业与政府之间和谐的文化

现代社会经济的发展实践告诉我们，企业与政府之间完全是一种共生、共荣的依存关系，也就是说，一个企业的发展与所在政府的支持密不可分。当一个企业与所在政府及其部门保持一种和谐的关系时，它可以客观、及时、准确地了解国家最新的政策动向，有效地获得政府在政策、资金和信息上提供的支持和优惠。除此之外，企业还可以利用政府提供的平台，展示其

---

① 杨玉秀：《论企业外部和谐的构建》，《兰州商学院学报》，2007年第3期。

自身的良好形象与精神风貌，大力推进企业与其外部政治、社会、经济和地区环境之间的整体和谐。

1. 加强与政府及其部门之间的信息交流与沟通

通常意义上来讲，政府是一个国家权力的具体执行机构，因此，企业必须通过与政府及其部门之间的信息交流与沟通，建设、维护和完善与政府之间的和谐关系。关于这一点，企业积极了解各级政府及其部门的工作权力、职能、职责和程序，与政府及其部门保持长期正常的联系；要密切关注政府及其部门下发的各种文件和命令，并尽可能地根据政策、方针以及法律、法规、规章的变化，来调整企业的工作内容与活动。例如，西安海星集团就做出过成功的表率，该企业通过加强与政府的信息沟通与联系，争取到了陕西省政府给予的上市指标，大力促进了企业自身的发展①。

2. 为政府决策提供支持和帮助

从长远来讲，为了企业和政府能够实现双赢，实现国家和地区的共同繁荣和发展，企业有义务和责任为政府的决策提供一定的支持和帮助。具体而言，一方面，企业领导者和高层管理者应该尽量参政、议政，协助政府在相关经济领域做出科学、合理和准确的决策。现如今，越来越多的企业家开始登上了政治舞台，拥有了一定的公共权力。例如，海尔集团首席执行官张瑞敏就当选了中央候补委员，联想集团董事局主席柳传志也当选了全国工商联副主席。这些举措将进一步有利于企业与政府之间相互的交流和相互沟通，从而也就更加有利于构建和谐的政府与企业之间的合作伙伴关系。另一方面，企业应该积极树立支持政府及其部门工作为己任的观念。例如，政府是非营利性社会组织，一般财政支出比较紧，但是政府的重大决策研究又需要资金支持。因此，企业应该为政府的决策研究提供力所能及的经济资助与支持。

3. 与政府有关人员建立良好的合作关系

企业的可持续发展离不开所在政府的帮助与支持。企业在生产经营过程中，要想获得政府的理解与支持，就要积极主动地与政府有关工作人员保持密切的联系。比如，企业在举办公司周年庆典等相关活动的时候，可以考虑邀请一些政府工作人员前来做客，并赠送企业的产品或服务礼券。这样做的话，一方面，可以使政府的工作人员更加熟悉和了解企业的相关产品和服务，加深政府和企业等营利组织之间的联系，有利于政府对企业和市场作进

---

① 杨玉秀：《论企业外部和谐的构建》，《兰州商学院学报》，2007年第3期。

一步客观、准确的分析,为政府及其相关部门制定各种行业组织经济政策提供建议;另一方面,也可以使政府工作人员,对企业的宗旨、使命、价值观以及未来的战略发展目标产生认同感,从而有利于公司、企业在政府及其所属的经济管理部门面前,树立和塑造更加良好的企业形象。

4. 发挥社会中介组织的纽带作用

随着社会经济的不断发展,规范和建设社会中介组织,积极有效地发挥其在企业与政府之间工作关系中的纽带作用,是政府机构与市场体制之间建立高效经济联盟与伙伴关系所依靠的一个基本的组织方式与途径。在市场经济体系中,社会中介组织往往是介于宏观政府与微观企业之间的一个主体,它长期协调着政府与企业之间的关系,并为企业和政府提供服务与支持。从这个角度而言,一方面,社会中介组织常常协助政府贯彻实施国家的各项经济政策与法规,完成政府委托其的各种具体任务,接受并履行政府下放的某些经济管理职能,从而有效地实现政治参与。另一方面,社会中介组织也常常代表企业的意愿,与政府及其有关部门机构进行经常性对话,通过有关政治表达将各种利益要求转化为政府的决策选择方向,从而为企业的长期发展创造良好的制度环境。

(四) 建设企业与社会之间和谐的文化

福特汽车公司CEO比尔·福特常说:"一个好的企业能够为客户提供优秀的产品和服务,而一个伟大的企业不仅能够为客户提供优秀的产品和服务,而且竭尽全力使这个世界变得更美好。"因此,对于企业而言,最重要的是以一个国家企业组织的经济价值,与社会价值的最优化作为最终追求目标。① 企业的可持续发展离不开繁荣稳定的社会经济环境。企业只有与社会、地区和社区,建立起一种相互支持、相互依存、相互协作的共生共融关系,它才能积极有效地整合起各种经济、社会资源,持续地销售产品和提供服务,从而推动企业的长期稳定发展和社会的和谐进步。

1. 加强社会责任意识

天下兴亡,匹夫有责;国家兴衰,企业有责。对于一个企业来讲,有社会责任感,敢于承担公司社会责任,愿意主动履行各项社会义务,既是衡量企业和谐的重要标准,也是和谐社会对企业的基本客观要求。所以,企业应当积极加强社会责任意识,在遵纪守法、维护相关利益主体权益等方面做出

---

① 李伟:《组织行为学》,武汉大学出版社,2012年版,第423-424页。

表率。要坚决遵守《安全生产法》、《劳动法》等相关法律、法规，严格依法纳税，履行一个企业应尽的义务。同时，企业也要坚持以人为本，有效地改善员工的基本工作与生活待遇，尽可能地将社会责任标准中的员工合理要求，融入企业的公司文化和管理制度体系当中，并将社会责任管理体制贯穿到企业管理的方方面面。当然，企业还应该在生产经营活动中，积极推进再就业工作，尽可能地为社会失业人员提供再就业岗位，在企业发展的同时吸纳更多的劳动力，为社会分忧解难。除此之外，根据企业社会责任的基本理论要求，企业还要对供应商、销售商以及社区等相关利益主体树立社会责任意识，承担积极有效的社会责任，从而推动公司社会责任的整体、全面和协调发展。

2. 承担环境道德责任

从严格理论意义上来说，环境道德是企业承担社会责任的一项核心内容，因为企业传统的生产经营理念，在很大程度上并没有考虑环境道德和环境伦理的要求。当前，虽然我国有些企业的生产经营观念相比以前确实发生了一些变化，但是，可以看到的是，在整个中国仍然广泛存在着不利于环境发展的企业行为。比如，企业在生产经营过程中，常常只考虑经济利润，而不考虑所付出的环境成本或环境代价。有时候，仅仅是为了一点点的微小利润，即使消耗大量的自然与社会资源，也会乐此不疲。所以，很多企业在生产经营过程中，仍然存在着只注重眼前利益，以牺牲环境发展为代价去获取眼前利益的短期行为。一个简单的道理，如果一些企业把相对稀缺的自然资源用于低效益生产，破坏稀缺资源的可持续利用和发展质量，这种企业短期"唯利是图"的生产、经营和运作行为，必然会对自然生态环境造成巨大的破坏性影响。因此，企业在生产和经营的过程中，应该尽可能地消耗最少的自然资源，积极有效地保护生态和自然环境，为国家、地区和社会创造出最大的社会价值和社会效益，最终实现企业与自然、生态环境之间的共同稳定、协调与和谐发展。

3. 开展慈善事业回报社会

在国际和国内企业实践中，有不少的企业家，经过一生的努力奋斗，为个人或家族积累了相当数量的经济财富之后，都或多或少地会产生开展慈善事业、回报国家和社会的想法。事实上，正如很多新闻媒体和传媒宣传的那样，很多企业家和高层管理者，由最初的单纯追逐经济利益和经济效益，到今天的关心社会公益事业，积极主动地承担捐助、赠送和援建等慈善社会责任，是中国企业家逐渐走向理性和成熟的根本性标志。当一个企业家不断成熟时，他必然将会把对人的关爱和对弱势群体的帮扶，与追求企业经济利润放在同等重要的位置上。因此，企业要采取措施积极支持慈善事业，保护弱势群体，捐助社会公益，支援社区教育、文化与艺术等项目的广泛发展，帮助社区改善公共环境，把实现企业经济价值与社会价值有机地统一起来。这方面一个典型的例子就是，2008年5月汶川大地震发生以后，我国很多企业能够迅速地捐款、捐物，支持灾区重新建设，这一举动，正是在向全世界表明我国企业不断增强的社会责任感。

### 四、制订和谐企业文化建设的工作方案

和谐企业的文化建设有赖于具体工作方案的设计与实施。一般来说，企业必须首先了解其组织结构、经营状况、规章制度和员工的价值观念以及对企业文化的认识程度等，只有明确了这些东西，对和谐文化建设进行了准确的定位，建设目标也就清晰了，进而就可以为实现目标制订具体工作方案了。制订和谐企业文化建设的工作方案，要坚持始终围绕和谐企业文化建设的根本目标来开展。具体而言，就是在继承现有企业组织文化的基础上，以和谐理念为基本导向，把企业的发展目标和员工的工作积极性紧密结合起来，努力创造一种和谐的组织文化氛围；确立和完善以和谐理念为核心的企业宗旨、使命和价值观等精神体系，积极建立、完善和强化企业员工对组织的高度认同感和归属感，提高组织成员的忠诚度和组织承诺度；建立员工自我和谐、企业内部人际关系和谐、企业在外部与客户、竞争对手、供应商、销售商、政府、社区与环境和谐的企业文化机制，最终实现企业文化系统的整体和谐。

在企业实践中，因为构建和谐企业文化是全面系统的，也是非常复杂的，所以和谐企业文化建设的具体工作方案要做到考虑周密，防止建设中关键因素的疏漏，甚至因素之间形成对立和冲突。从这个方面而言，通常可以将整个和谐文化建设的工作方案进行明确细分，具体包括和谐文化理念定位、和谐文化理念传播、和谐文化转化、和谐文化育人、和谐文化激励以及和谐文化推广等六个部分。在和谐文化建设实践中，只有为每一部分内容制订详细的实施工作方案，明确操作的要点，才能为最终顺利构建和谐企业文化体系打下坚实的基础。

#### （一）和谐文化理念定位

和谐企业文化理念定位，就是要以和谐的理念为基本导向，对企业价值

观、企业道德、企业精神、企业经营管理理念和员工基本行为准则等进行准确定位。在定位过程中，既不能脱离企业的实际经济活动，又必须与企业的经营方针、政策和市场策略紧密地联系在一起，进而全面、系统和充分地体现企业所奉行的组织价值观、宗旨和组织使命。

和谐组织文化理念定位的基础在于，必须要积极培育以和谐的理念为基础的企业组织价值观体系。一般来说，价值观是人们用以判断某种事物、行为好与坏、对与错，以及是否有价值或价值大小的一种总的看法和根本性的观点。因此可以简单地认为，企业价值观就是企业文化的核心，它对组织的生存和发展至关重要。所以说，明确了组织的价值观体系也就是企业文化建设向前迈出了根本性的一步。詹姆斯·柯林斯和杰里·波勒斯在其广受好评的《基业长青》一书中说："能够长久享受成功的公司一定拥有能够不断适应世界变化的经营实务和核心价值观。"[①] 这一点是索尼、宝洁、惠普、强生和默克制药等公司成功的关键因素。现代企业理论昭示，企业的竞争已经从产品平台的表层竞争转向更深层次的理念平台的竞争，因此，企业最终的竞争力主要取决于，它在一系列组织价值观体系中如何进行选择。所以，企业要想做到优秀、富有市场竞争力，就必须在企业文化价值观体系上下工夫。如果一个企业一开始就是以纯粹追求经济利润为其组织核心价值观，把员工、客户、竞争者及外部环境的权益完全抛在一边，那么这个企业是不可能实现长久与可持续发展的。

和谐企业文化所倡导的和谐理念，要求企业在追求经济利益的同时，也要积极关注企业内部的各种人际关系和谐，以及企业与外界的利益相关者之间的和谐。只有这样，才能让广大员工们把自己的利益和价值观，与企业的生存发展紧密地联系在一起，从而变外在的制度他律为内在的员工自律行为，进而增强与提高组织的向心力、凝聚力和竞争力，最终为企业组织带来实际的经济效益与社会效益。因此，企业组织必须注重培育和完善以和谐理念为基础的企业价值观体系。

(二) 和谐文化理念传播

根据组织文化理论，企业应该建立高效的组织文化传播机制。这种文化传播机制，结合和谐文化的特点，主要是通过对企业员工进行相关的和谐组织文化培训、和谐文化交流、和谐文化沟通等具体措施，及时地把和谐企业

---

① 吴冀林，李镇远：《打造和谐企业》，人民出版社，2011年版，第174-175页。

文化建设的情况与动态等信息传播给每一位员工，让员工们不断地深入理解与贯彻和谐企业文化构建的内容，从而达到和谐文化育人的目标，并使企业组织步入"人造和谐文化——和谐文化育人——新人再造和谐文化"的良性循环轨道。具体而言，主要包括以下几个方面的内容。

首先，企业组织应该让员工们积极参与到和谐企业文化建设主题的讨论之中。要让企业从上到下都谈论和谐组织文化建设问题，要使员工们亲身感受到和谐企业文化建设的真实性和长期性，而不是一番空谈和五分钟的热血。因此，企业的领导者要积极主动地与全体管理人员进行交流与沟通，向他们谈和谐企业文化构建的意义与作用，要说明在这个方面公司和管理人员的责任，以及个人应该体现的价值。另外，企业的领导者也可以定期或不定期地召开一些会议，组织广大员工公开讨论文化建设的相关主题，要研究与思考文化建设的方向，鼓励员工们找出企业文化构建中存在的不和谐因素，从而为和谐企业文化的传播打下坚实的基础。

其次，企业要对员工进行全员和谐文化建设培训。文化培训是和谐企业文化构建过程中必须要做的事情。现阶段，很多企业都花大量的时间、金钱和精力在组织培训上。不过，大多数培训主要集中在一般的管理或技术实践上，较少涉及企业文化。然而，组织文化建设其实是非常重要的，所以，企业培训时要加强组织文化方面的主题。因为一个企业要下定决心去改变组织的行为方式，采用新的价值观与管理理念，就必须严格制订系统的组织文化培训计划，把有关和谐文化的理念与知识，系统和全面地灌输到广大员工的思想体系中。

和谐企业文化建设培训的目标是：向广大企业员工说明和谐企业文化建设的背景、原因以及目标；明确和谐企业文化建设目标实现的具体措施、步骤和方法；明确和谐企业文化对员工思想观念、态度、价值观与行为倾向方面的期望；努力塑造和树立和谐文化建设良好的组织氛围和气氛，形成员工积极参与培训、学习的局面；建立高效能的工作团队和成员协作关系等。在和谐企业文化建设培训过程中需要注意一个重要问题：那就是必须有企业高层管理者的积极参与，一般来说，高层管理者或领导者要实实在在地参与到培训过程当中，而不是在培训典礼上讲讲话，走个形式那么简单；要让广大接受培训的员工深刻感受到，建设和谐企业文化是一件受到高层领导者重视的、非常重要的事情。只有这样，才可以获得广大企业员工们的高度拥护与广泛支持，从而使高层领导者和普通员工之间，在和谐文化建设方面能够在态度、思想、兴趣、主动性与理念上实现高度统一。

## （三）和谐文化理念转化

所谓和谐企业文化转化，就是要根据和谐企业文化建设的总体和根本要求，不断完善规章制度、科学优化组织结构、积极提高领导效能、合理规范员工言行、大力塑造文化楷模等方式、方法以及手段，以提高企业组织的系统性、整体性的管理水平，进而在实现构建社会主义和谐企业建设的战略目标上，发挥积极有效的重要影响和作用。具体来说，包含以下几个方面的内容。

首先，要用和谐的理念积极推进、深化和完善企业各项方针、政策和规章制度的创新。在企业管理实践中，必须以建设和谐企业文化为核心和根本依据，大力构建、维护与完善各项具体的生产、经营与管理制度。和谐企业文化的理念，在管理实际中，更多地表现为一种软硬结合的管理技巧与艺术，就是要在建设和谐企业文化的时候，"软硬"兼施，相辅相成。需要强调的是，要在组织之中巩固无形的和谐企业文化精神和价值观念，不能单纯地停留在口头、简单地喊几句口号，必须建立和完善健全的规章制度，通过规范的规章制度来真正落实和谐企业文化建设。因此，制度建设是构建和谐企业文化的一个非常重要的组成部分，能够有效地为和谐企业文化的推广和落实提供制度支持与保障。除此之外，企业在建设和谐企业文化的时候，应该不断建立和完善与和谐企业文化建设相适应的组织结构，为构建和谐企业文化在组织架构上提供保障。

其次，要塑造和谐的组织行为识别系统。要坚持以和谐为核心理念，设定企业的宗旨与使命；设定组织、群体决策的程序与规范；设定员工个体行为的基本准则；等等。一般来说，和谐的组织行为识别系统可以覆盖整个企业所有的经营管理活动，它通过对内对外的各项工作内容，将和谐的理念方方面面、点点滴滴地渗透到企业的日常具体活动当中。

## （四）和谐文化理念激励

有效的激励制度与机制是构建和谐企业文化的基本保障，要用高尚的组织文化去激发员工的内在工作动机，激励企业员工把工作与任务当做自己所毕生追求的事业来完成。要使每一位员工感觉到，自己不仅是为了眼前的经济利益而努力工作，同时，还是在为国家、社会、企业，以及为有效实现个人的人生目标和价值而工作。这样的话，就可以使组织成员对自己的工作有一种无形和内在的精神驱动力。

随着现代企业组织管理的不断发展，员工个人的有效激励问题引起很多高度发展企业的重视。哈佛大学詹姆斯教授说："如果一个人未受到激励，只发挥其自身能力的20%就能保住工作；如果受到充分且正确的激励，则发挥其自身能力的80%，可以提高效益3至4倍。[①]"正因为如此，企业组织就需要通过建立各种有效的激励制度，充分发挥多种激励措施的组合效应。比如，可以充分利用各种物质激励（包括岗位津贴、销售提成、项目奖励、住房分配等）、产权激励（包括员工持股、送配股等）、工作激励（包括挑战性、丰富性、重要性、自由度、决策参与等）、职业发展激励（包括培训学习机会、晋升机会等）、精神激励（如先进个人、集体荣誉、科技进步奖等）等激励措施与手段相结合的方式，对有效履行构建和谐企业文化以及价值观的先进个人和集体进行表彰与奖励，从而对企业组织员工建设和谐企业文化、实践和谐价值观起有效的促进与导向作用。

### （五）和谐文化理念推广

将定位后的和谐企业文化向社会推广，加大对外界的广告宣传，使外界及时了解企业组织的和谐经营理念、文化与价值观，以寻求更多、更大的社会支持和认同。一般来说，推广和谐企业文化，一方面可以通过和谐理念的推广树立企业的良好形象，以提高企业的知名度和美誉度，进而促成社会对企业的有效监督；另一方面也可以通过企业这个社会单元的文化理念，促使整个社会价值观和风气不断向积极和主流的方向转变，从而最终为建设社会主义和谐社会做出贡献。

根据现代企业管理实践，一个企业向外界推广和谐企业文化的方式常常是多种多样的。比如，有的企业通过媒体加强广告宣传，与不同的对象进行全方位交流和沟通，以迅速建立起和谐企业文化的外部环境认知；有的企业将和自己有关的和谐案例与事迹加以提炼和升华，形成企业组织的文化故事，向全社会进行推广；有的企业向社会派发印有和谐企业文化的小礼品；有的企业经常与周边的社区开展以和谐为主题的社会文化活动和公益活动；等等。海尔集团张瑞敏"砸冰箱"的故事已经为全社会所共知，向社会推广了海尔独特的企业价值文化。

---

① 李伟：《组织行为学》，武汉大学出版社，2012年版，第172-173页。

### （六）和谐企业文化建设的效果评价

企业在建设和谐组织文化的过程中，经常会出现一些困难和问题。在这种情况下，就需要企业对和谐组织文化建设的效果，进行有针对性的评价，要对文化建设实施中出现的各种困难和问题进行及时的分析，并根据实施后的反馈结果不断进行方案调整。一般说来，要对和谐文化建设效果进行评价主要从以下两个方面开展：一是经济效益，可以就和谐企业文化建设前后的企业竞争力、企业经营绩效、销售收入、市场占有率、人力资源开发力度和劳动生产率等指标进行比较，肯定取得的成果并找出其中的不足和不到位的地方，及时寻找原因并采取措施加以解决。二是社会效益，可以看企业在建设和谐企业文化前后的组织知名度、美誉度和信誉度，是否获得到了有效的提高。

## 五、加强企业内部文化与外部环境诊断分析

建设和谐的企业组织文化，就必须对企业有准确的把握和认识，需要及时找出组织在文化建设过程中存在的各种不和谐现象及问题，并对这些现象及问题产生的原因进行有效诊断，从而为和谐企业文化建设打下坚实的基础。只有这样，在进行和谐企业文化构建时才能保证其是适合企业实际情况的，也才能从根本上确保所建设的和谐企业文化具有长久的生命力。具体而言，一般要从以下四个方面进行和谐组织文化建设的诊断。

首先，企业文化的物质层是否达到和谐。具体包括企业所生产的产品和提供的服务，以及企业的生产环境、建筑设备、组织广告、产品外观与包装、企业的外部环境等方面是否和谐。

其次，企业文化的行为层是否达到和谐。具体包括企业的高层管理者和员工的行为模式、企业经营方式、教育宣传形式、文娱体育活动等行为中，所形成的文化现象是否和谐。

再次，企业文化的制度层是否达到和谐。具体包括企业的领导体制、企业的组织机构和管理制度三个方面是否和谐。因为，对于一个组织而言，是否具有统一、协调、高效与通畅的领导管理体制，科学合理的组织机构以及科学、完善、灵活与实用的管理制度、政策与方法，常常是评价制度层是否和谐的重要标准。

最后，企业文化的精神层是否达到和谐。具体包括企业精神、企业价值观、企业经营哲学等方面是否和谐。一般来说，一个企业是否具有强大凝聚

力的企业精神、以人为本且富有责任感的组织价值观，以及兼收并蓄的企业经营哲学，往往是对精神层进行评价的重点内容。

总之，企业是一个开放的系统，其必须不断地与外部环境进行有关资源和信息的交换。因此，企业组织生存和发展环境的不断变化，对构建和谐企业文化具有很大影响。组织外部环境是否和谐，必然会影响和谐企业文化在组织发展中的作用效果。所以，建设和谐企业文化，就要对企业外部环境进行有效的分析，其内容主要包括分析企业与客户、竞争对手、政府以及社区的关系是否和谐，发现其中存在的问题，找出其中存在的各种不和谐因素，并进一步分析造成这些不和谐因素的根本原因。同时，还需要分析客户、竞争对手、政府以及社区这些外部环境自身的特点。比如，必须全方位研究企业在客户心目中的形象、知名度与美誉度，掌握企业所生产产品和提供服务的销售状况、市场行情等相关信息；必须及时分析竞争对手的企业特点，尤其要重点分析竞争对手的组织文化特点；要研究中央及地方政府的相关经济政策对企业自身发展的影响；要分析企业所属行业的文化、所在地域的文化，以及整个国家社会文化的特点以及发展状况。另外，国际政治、经济、社会、科技、文化等的发展状况以及发展趋势，也是应该进行有效分析的内容，因为这些也是影响企业和谐文化建设的重要因素。只有通过对组织外部环境及时、有效地分析，企业才可以从诸多的影响因素中，找出对其未来几年、甚至几十年发展有重大影响的关键因素，进而重点研究、分析并预测其发展变化趋势，巩固和谐因素，消除不和谐因素，由此引导和谐企业文化建设的发展方向，不断改变组织管理方式和氛围，以适应企业未来的发展环境。

# 结论及价值

构建社会主义和谐企业，是企业自身建设的需要，也是构建和谐社会总目标对企业的本质要求，是企业期待和实现可持续发展的必然选择。和谐企业，是指构成企业生态系统中的各个部分和各个要素之间和谐、稳定、有序的状态。和谐企业主要有三个方面的含义：企业员工的自我和谐；企业内部的和谐；企业与外部环境的和谐。其中，自我和谐表现为员工善于调节自己的心理状态，能够客观地认知并恰当地处理问题，悦纳自我和他人，既能享受美好生活，又能承受艰难困苦；企业内部和谐强调在组织内部，实现企业与员工、员工与员工等内部利益主体之间关系的稳定、秩序与和谐；企业与外部环境之间的和谐，则主要表现为组织自身与外部自然环境之间的和谐相处。

员工自我和谐是员工的一种积极向上、健康的人生态度和生存状态。企业员工的自我和谐主要包括积极情绪、自我效能感、希望、乐观、主观幸福感、情绪智力、复原力和心流等内容。当前，我们在构建和谐企业的总体目标下，可从政府、企业和员工三个方面来实现员工的自我和谐。另外，职业道德修养的建设与培养、职业道德规范的实践要求，对于促进员工的心理和谐，有着十分重要的意义。此外，在群体和组织层面，积极的领导理论，比如诚信领导、授权领导、伦理—道德领导和路径—目标领导行为，对于企业员工的自我和谐也发挥着重要的作用。

大量的研究和调查发现，企业员工的工作幸福感已成为注重构建和谐企业的管理者和员工共同关注的问题和需要研究的课题。和谐企业员工幸福感的制度基础是共享价值制度，形成机制涉及全面薪酬、工作安全感、团队归属感、职业生涯管理与和谐心理契约。

要实现企业内部的和谐，一方面，就是要营造稳定协调的劳动关系，而协调好劳动关系的关键是要加强"三方机制建设"。由政府代表（劳动保障部门）、员工代表（工会）和企业代表（企联）组成的协调劳动关系三方机制，是建立和谐的劳动关系、促进企业内部和谐的有效机制。另一方面，建

## 结论及价值

立完善的沟通系统是维护和谐人际关系的关键。具体而言,就要不断地加强内部的互通信息、传递资料、交流感情,让员工清楚企业的方针、政策和所处的形势,并且逐步建立起一套完善的沟通系统,打破等级制度,树立全员沟通理念,创造人人能沟通、时时能沟通、事事能沟通的良好氛围。

和谐企业主要包括企业员工的自我和谐、企业内部和谐、企业与外部环境的和谐三方面内容。强调从这三方面来构建社会主义的和谐企业,本身就是对和谐理论与企业组织理论的贡献,因此,本书具有一定的学术价值。

本书的应用价值在于:第一,强调企业员工的自我和谐包括积极情绪、自我效能感、希望、乐观、主观幸福感、情商、复原力和心流等内容,并提出从政府、企业和员工三个方面来实现员工自我心理和谐;第二,加强和谐企业建设,应实现企业内部的和谐。因此,企业应营造稳定协调的劳动关系,应维护和谐的人际关系,应建立基于内部和谐的薪酬管理制度,应构造创新型企业思想政治工作,从而实现企业与员工之间的和谐,以及员工与员工之间的和谐;第三,为实现企业与外部环境的和谐,应该在实践中强化企业环境社会责任。具体而言,要培育企业环境社会责任意识,实现从经济人向生态人过渡;要健全企业环境社会责任的激励约束机制;要健全企业环境社会责任的外部监督机制;要健全企业环境社会责任法律机制;要建立企业生产者责任延伸机制。

本书的社会影响和效益主要体现在,强调要从三个方面全面构建社会主义和谐企业。既要通过建设和谐的劳动关系、人际关系等措施,实现企业组织内部的和谐,也要通过强化企业环境社会责任,促进企业与外部环境之间的和谐,更要通过激发员工的积极情绪、自信、乐观、幸福感与韧性等方式,实现企业员工的自我和谐。这些内容对政府的经济决策、科研机构的相关研究具有一定的社会价值和影响,也会给企业组织带来广泛的经济与社会效益。

# 参考文献

[1] 白新文,任孝鹏等.5.12汶川地震灾区居民的心理和谐状况及与政府满意度的关系[J].心理科学进展,2009(3).

[2] 蔡宁,李建升,李巍.实现企业社会责任:机制构建及其作用分析[J].浙江大学学报,2008(7).

[3] 曹光法,许梅等.关于心理和谐的理论分析[J].卫生软科学,2008(3).

[4] 曹亚琴.心理和谐问题研究综述[J].社会与人口,2008(6).

[5] 常凯.中国劳动关系报告——当代中国劳动关系的特点和趋向[M].北京:中国劳动社会保障出版社,2009.

[6] 常凯.劳动关系和谐:构建和谐社会的重要基础[J].中国党政干部论坛,2007(5).

[7] 陈赤平,廖文婷.私营企业劳动关系失衡与劳动者权益保护[J].江西财经大学学报,2007(4).

[8] 陈道明.国民心理和谐与构建和谐社会的心理学探析[J].商丘师范学院学报,2011(9).

[9] 陈道明.当代社会心理危机及其干预[J].学术交流,2010(9).

[10] 陈光.万创公司薪酬体系设计[D].郑州:郑州大学硕士学位论文,2006.

[11] 陈刚.裁员背景下心理契约违背、组织支持感与工作幸福感的关系研究[D].杭州:浙江大学硕士学位论文,2010.

[12] 陈佳贵等.中国企业社会责任研究报告(企业社会责任蓝皮书)[M].北京:社会科学文献出版社,2009.

[13] 陈洁.大豪公司薪酬体系再设计[D].呼和浩特:内蒙古大学硕士学位论文,2006.

[14] 陈开武.项目管理与企业文化研究[D].成都:西南财经大学硕士学位论文,2007.

# 参考文献

[15] 陈兰通. 2008 年中国企业劳动关系状况报告［M］. 北京：企业管理出版社，2008.

[16] 陈世艳. 试论企业管理的和谐沟通［J］. 湖北函授大学学报，2007（9）.

[17] 陈天学. 我国劳动关系和谐度预警机制的计量分析［J］. 决策参考，2009（10）.

[18] 陈伟宏. 企业社会责任与构建和谐社会［J］. 道德与文明，2007（3）.

[19] 陈纬. 基于企业社会责任之下的人力资源管理探讨［J］. 现代商业，2008（15）.

[20] 陈薇萍. 安利（中国）日用品有限公司直销人员薪酬制度研究［D］. 广州：中山大学硕士学位论文，2008.

[21] 陈潇. Y 公司研发人员薪酬相对不公的问题探讨［D］. 成都：西南交通大学硕士学位论文，2009.

[22] 陈小锋. 论基于心理契约视角的企业和谐管理［J］. 江西社会科学，2006（9）.

[23] 陈煦江. 企业社会责任对企业价值的影响实证分析［J］. 会计研究，2009（1）.

[24] 陈跃华. 简论监理企业的薪酬体系设计与绩效考核［J］. 建设监理，2012（3）.

[25] 陈政. 上市公司社会责任报告解读与完善建议［N］. 证券市场导报，2011（1）.

[26] 陈支武. 企业社会责任理论与实践［M］. 长沙：湖南大学出版社，2008.

[27] 陈支武. 企业社会责任思想与相关利益者理论研究［J］. 企业经济，2008（4）.

[28] 程崇仁. 中华传统管理文化精神——中西方管理思维方式比较论纲［M］. 合肥：合肥大学出版社，2008.

[29] 程连升. 新时期我国劳资关系演变的趋势和对策分析［J］. 教学与研究，2009（4）.

[30] 程永明. 日本企业 CSR 的推进机制［J］. 日本问题研究，2009（5）.

[31] 褚平安. 完善岗位聘任制是强化人力资源管理的有效措施［J］. 决策探索，2004（4）.

[32] 代元庭. 对创建和谐企业的几点思考［J］. 江汉石油职业大学学报，

2006（1）.
- [33] 邓波等．对员工主观幸福感形成机制模型的系统分析［J］．改革与战略，2008（5）.
- [34] 丁雯，陶金，吴嘉维．企业文化基础［M］．大连：东北财经大学出版社，2011.
- [35] 丁治国．以职业发展通道设计为核心的隧道股份公司人力资源管理和激励机制的变革［D］．上海：复旦大学硕士学位论文，2009.
- [36] 董建东，刘东旺．坚持以人为本构建和谐企业［J］．中国职工教育，2006（2）.
- [37] 董仲义．企业环境社会责任研究——基于L市工业企业的实证调查［D］．武汉：华中农业大学硕士学位论文，2012.
- [38] 段文，刘善仕．国外企业社会责任研究述评［J］．华南理工大学学报，2007（3）.
- [39] 方明．YJS公司知识型员工的职业生涯管理研究［D］．西安：西北工业大学硕士学位论文，2006.
- [40] 方奕．战略视角的企业社会责任［J］．华东师范大学学报，2009（6）.
- [41] 方政子．浅谈职业道德修养在构建和谐企业中的作用［J］．中国外资（下半月），2012（6）.
- [42] 弗雷德里克·巴斯．和谐经济论［M］．北京：中国社会科学出版社，1995.
- [43] 冯洁韵．如何建设和谐企业——以中国电信工会为例［J］．南方论刊，2009（9）.
- [44] 冯学民．员工职业生涯管理［J］．华人时刊（中旬刊），2013（11）.
- [45] 付洁，侯风云．转型期中国非公有制企业劳资关系演变的理论机制——基于合作议价的理论分析［J］．首都经贸大学学报，2009（4）.
- [46] 付庆祥．和谐企业的构建与运作［J］．经济师．2007（2）.
- [47] 傅弯．公司社会责任的法律迷思与规制路径［J］．社会科学战线，2010（1）.
- [48] 甘培忠，郭秀华．公司社会责任的法律价值与实施机制［J］．社会科学战线，2010（1）.
- [49] 高红贵．民营企业履行环境责任的制度促进机制研究［J］．福建论坛，2011（3）.
- [50] 高学栋，董蕾，陈立杰．和谐企业的特征与建设和谐企业的内容探析

[J]. 华东经济管理, 2006 (03).

[51] 高云嵩. 海上劳动领域三方性机制研究 [D]. 大连: 大连海事大学硕士学位论文, 2007.

[52] 高正亮, 童辉杰. 积极情绪的作用: 拓展-建构理论 [J]. 中国健康心理学杂志, 2010 (02).

[53] 葛培波, 董西明, 刘靖. 和谐企业文化的特点及其建设途径的思考 [J]. 技术经济与管理研究, 2006 (03).

[54] 葛中亚. 和谐社会构建中的心理和谐探析 [J]. 经济研究导刊, 2012 (11).

[55] 耿希峰等. 心理学发展与和谐社会构建 [J]. 黑龙江省政法管理干部学院学报, 2009 (2).

[56] 耿新华等. 协调中小型民营企业劳动争议的对策建议 [J]. 科学咨询, 2011 (6).

[57] 龚志宏. 关于构建和谐企业的若干思考 [J]. 企业经济, 2006 (9).

[58] 构建社会主义和谐社会若干重要问题解析 [M]. 北京: 中共党史出版社, 2006.

[59] 构建社会主义和谐社会学习读本 [M]. 北京: 中共党史出版社, 2005.

[60] 管斌等. 在和谐与失衡之间——论和谐与失衡的辩证关系 [J]. 首都师范大学学报 (社会科学版), 2008 (11).

[61] 官静. 和谐企业文化特征及其构建 [J]. 出国与就业 (就业版), 2011 (20).

[62] 管静和. 三方协调机制在中国 [J]. 企业管理, 2004 (2).

[63] 呙晶晶. 企业社会责任的经济法解读 [D]. 上海: 华东师范大学硕士学位论文, 2009.

[64] 郭桂梅, 段兴民. 自我决定理论及其在组织行为领域的应用分析 [J]. 经济管理, 2008 (6).

[65] 郭军, 李雪艳. 劳动关系发展趋势研究: 基于概念演化视角的分析 [J]. 经济经纬, 2009 (1).

[66] 郭明. 我国劳资关系的演变与对策 [J]. 经济学动态, 2008 (12).

[67] 郭雯. 构建和谐企业的途径探讨 [J]. 合肥工业大学学报, 2010 (5).

[68] 郭鑫. IT 企业职业生涯管理研究 [D]. 成都: 西华大学硕士学位论文, 2009.

[69] 郭娴静. 经济收入和生活满意度对心理和谐的影响 [J]. 学术研究,

2012 (3).

[70] 郭扬. 构建和谐企业理论与实践研究 [D]. 西安建筑科技大学硕士学位论文, 2008.

[71] 郭玉云. 心理和谐与和谐社会 [J]. 昌吉学院学报, 2009 (2).

[72] 韩利琳. 低碳时代的企业环境责任立法问题研究 [J]. 西北大学学报, 2010 (7).

[73] 韩美群. 和谐文化论 [M]. 北京: 中国社会科学出版社, 2010.

[74] 韩雪. 从多元和谐到和谐社会的构建 [M]. 北京: 中央编译出版社, 2006.

[75] 郝龙. 积极推进劳动关系和谐企业建设 [J]. 中国工运, 2006 (2).

[76] 贺金社. 经济学: 回归——亚当·斯密的幸福和谐构架 (上、下) [M]. 上海: 上海人民出版社, 2010.

[77] 贺善侃. 论社会主义核心价值观的体系性 [J]. 思想理论教育 (上半月综合版), 2013 (5).

[78] 贺善侃. 和谐哲学: 马克思主义哲学中国化的新视野 [J]. 上海财经大学学报 (哲学社会科学版), 2008 (9).

[79] 贺庆庆. 企业情商管理的现实意义及塑造途径分析 [J]. 中小企业管理与科技, 2009.

[80] 贺正楚, 张训. 电力企业社会责任评价体系及实例分析 [J]. 财经理论与实践, 2011 (4).

[81] 何翠萍. YZ公司薪酬设计研究 [D]. 南京: 南京理工大学硕士学位论文, 2012.

[82] 何梦婷. 人力资源薪酬管理浅析 [J]. 城市建设理论研究 (电子版), 2012 (2).

[83] 何咏梅等. "和": 现代企业理念、信念和理想的文化解读 [J]. 船山学刊, 2008 (6).

[84] 何显富. 企业社会责任、道德型领导行为对员工组织公民行为影响及其作用机理研究 [D]. 成都: 西南交通大学硕士学位论文, 2011.

[85] 侯忠琳. 销售代表自我职业生涯管理的现状和影响因素——从某世界500强制药公司销售代表调查看 [D]. 武汉: 华中师范大学硕士学位论文, 2008.

[86] 洪沪敏, 章辉美. 新中国成立以来企业劳动关系的历史变迁 [J]. 江西社会科学, 2009 (8).

[87] 胡锦涛．高举中国特色社会主义伟大旗帜为夺取全面建设小康社会新胜利而奋斗［J］．在中国共产党第十七次全国代表大会上的报告，2007（10）．

[88] 胡锦涛．深刻认识构建和谐社会的重大意义［J］．在中共中央举办省部级主要领导干部提高构建社会主义和谐社会能力专题研讨班上的讲话，2006（2）．

[89] 胡军．A电力公司员工职业发展通道设计及配套政策研究［D］．南京：东南大学硕士学位论文，2008．

[90] 胡凯旋．企业文化建设中的员工归属感［J］．现代企业文化，2010（9）．

[91] 胡增．人心理和谐程度的测评［J］．深圳大学学报（人文社会科学版），2006（6）．

[92] 黄芳．实现企业社会责任若干问题解析［J］．北方论坛，2010（5）．

[93] 黄乐览等．心理和谐是社会和谐的基础［J］．广东第二师范学院学报，2011（8）．

[94] 黄俐君．论企业社会责任的法律化［D］．武汉：华中师范大学硕士学位论文，2009．

[95] 黄孟复．中国民营企业劳动关系状况调查仁［M］．北京：中国财政经济出版社，2009．

[96] 黄培伦等．全面薪酬的价值整合机制探析［J］．经济与管理，2007（10）．

[97] 黄晓鹏．企业社会责任：理论与中国实践［M］．北京：社会科学文献出版社，2010．

[98] 黄晓天．和谐企业构建研究［J］．企业活力，2006（11）．

[99] 霍丽娜．JT公司技术人员职业生涯管理体系设计［D］．银川：宁夏大学硕士学位论文，2012．

[100] 姬汝茂．和谐社会视野下的企业文化建设［J］．企业活力，2008（6）．

[101] 蒋苏芹，苗元江．心理资本-积极心理学研究［J］．赣南师范学院学报，2010（1）．

[102] 景保峰，唐琼沅．基于模糊综合评价的企业和谐程度研究［J］．中国管理信息化，2007（10）．

[103] 康杰．深圳市赛威实业有限公司发展战略［D］．上海：上海交通大

学硕士学位论文,2005.
[104] 康伟. 和谐社会视域中的心理和谐建构 [J]. 贵州社会主义学院学报,2011 (4).
[105] 匡海波,买生,张旭. 企业社会责任 [M]. 北京:清华大学出版社,2010.
[106] 冷顺安,周娟. 论和谐企业与和谐社会 [N]. 光明日报,2007 (1).
[107] 李春根,欧云华. 关于构建和发展和谐劳动关系的思考 [J]. 当代经济管理,2007 (5).
[108] 李桂华. 企业和谐管理的特征与性质 [J]. 商业经济与管理,2007 (4).
[109] 李桂华. 提升人力资本作用力的企业管理模式——企业内部共同治理的和谐管理 [J]. 经济论坛,2009 (11).
[110] 李海龙. 中国二冶薪酬体系设计 [D]. 呼和浩特:内蒙古大学硕士学位论文,2006.
[111] 李强. 企业如何建立有效的薪酬管理体系 [J]. 人才资源开发,2006 (12).
[112] 李景春,李玉杰,刘志峰. 心理和谐与和谐社会辩证互动机制及其发展趋势 [J]. 燕山大学学报,2009 (1).
[113] 李伟. 组织行为学 [M]. 武汉:武汉大学出版社,2012.
[114] 李伟,张妍. 企业和谐劳动关系构建:基于企业文化的视角 [J]. 中外企业家,2012 (8).
[115] 李世喜. 建设和谐企业的思考 [J]. 山东社会科学,2006 (3).
[116] 李文静. 某机械集团劳资关系调查及和谐发展对策 [J]. 价值工程,2012 (4).
[117] 李霞. 企业知识型员工职业生涯管理现状与对策研究 [D]. 成都:西南财经大学硕士学位论文,2008.
[118] 李燕. 基于绿色和谐理论的新型人际关系研究 [D]. 合肥:合肥工业大学硕士学位论文,2006.
[119] 李正. 企业社会责任信息披露研究 [M]. 北京:经济科学出版社,2008.
[120] 李智伟. 试论现代企业员工的心理契约管理 [J]. 河南商业高等专科学校学报,2006 (6).
[121] 李志勇等. 和谐社会构建中的心理和谐问题探析 [J]. 心理学探新,

2010 (7).

[122] 李自荣. 中小企业薪酬管理现状及对策研究 [J]. 中国科技博览, 2009 (6).

[123] 李作同. 论企业的环境社会责任 [J]. 梧州学院学报, 2010 (8).

[124] 梁大伟. 基于利益相关者的企业社会责任研究 [D]. 上海：上海师范大学硕士学位论文, 2010.

[125] 梁辉. 对企业人际关系和谐的思考 [J]. 经济师, 2006 (11).

[126] 林崇德. 心理和谐是心理学研究中国化的催化剂 [J]. 心理发展与教育, 2007 (1).

[127] 林海, 管爱民. 构建和谐企业的道德基础 [J]. 生产力研究, 2006 (7).

[128] 林顺贵. 塑造和谐文化构建和谐企业 [J]. 中国建材, 2006 (03).

[129] 林松池. 基于财务指标的企业社会责任评价探讨 [J]. 财会通讯（上）, 2009 (4).

[130] 林仲豪, 高红贵. 中外企业环境社会责任推进机制的比较研究 [J]. 生态经济, 2008 (8).

[131] 刘蓓蓓. 基于利益相关者理论的企业环境绩效影响因素研究 [J]. 中国人口·资源与环境, 2009 (6).

[132] 刘畅. 从发展经济学角度试析近代中国落后的原因 [J]. 合作经济与科技, 2010 (3).

[133] 刘海波. 小型团队建设研究 [D]. 天津：天津大学硕士学位论文, 2007.

[134] 刘会贵等. 领导者希望和自我效能感对其主观幸福感的影响 [J]. 心理学探新, 2011 (2).

[135] 刘俊海. 论全球金融危机背景下的公司社会责任的正当性与可操作性 [J]. 社会科学, 2010 (2).

[136] 刘宁. 浅析企业构建和谐心理契约的对策与措施 [J]. 中国化工贸易, 2013 (6).

[137] 刘秋英. 基于企业生命周期的民营企业文化建设研究 [D]. 长沙：中南大学硕士学位论文, 2008.

[138] 刘绍斌. 构建和谐的劳动关系问题研究 [J]. 中共云南省委党校学报, 2007 (1).

[139] 刘世慧. 论我国当代企业社会责任的担当与履行 [D]. 上海：华东

师范大学硕士学位论文，2006.
[140] 刘望道．人的心理和谐是全面建设小康社会的新着力点［J］．武汉冶金管理干部学院学报，2008（3）．
[141] 刘薇．组织中女性职业生涯规划研究［D］．成都：西南财经大学硕士学位论文，2007.
[142] 刘文纲，唐立军．我国企业社会责任体系的构建［J］．北京工商大学学报，2009（5）．
[143] 刘艳．企业社会责任及其标准在我国的发展与完善［J］．会计研究，2007（5）．
[144] 刘永利．构建和谐企业与企业思想政治工作若干关系研究［D］．上海：复旦大学硕士学位论文，2008.
[145] 刘月森．思想政治工作与构建和谐企业［J］．企业文明，2006（4）．
[146] 刘云轩．和谐企业初探［J］．胜利油田党校学报．2007（1）．
[147] 娄建波，甘培忠．企业社会责任专论［M］．北京：北京大学出版社，2009.
[148] 娄伶俐．主观幸福感的经济学理论与实证研究［M］．上海：上海人民出版社，2010.
[149] 陆荣杰．培育企业文化构建和谐企业［J］．市场论坛，2007（1）．
[150] 陆卫斌．从心理和谐角度看和谐社会的构建［J］．广西青年干部学院学报，2012（1）．
[151] 鲁银梭．民营经济劳资关系三方协调机制中存在的问题研究［D］．合肥：安徽大学硕士学位论文，2007.
[152] 罗浩波．中西传统和谐观的整合创新及其时代价值［J］．西北民族大学学报（哲学社会科学版），2006（7）．
[153] 罗军．Z公司薪酬体系再设计［D］．成都：电子科技大学硕士学位论文，2006.
[154] 罗晓玉．浅谈企业薪酬体系的合理设置［J］．科技创业月刊，2008（12）．
[155] 罗媛洁．和谐视角下科技型企业人力资源开发的探讨［D］．成都：成都理工大学硕士学位论文，2010.
[156] 吕祥友．齐鲁证券公司员工职业生涯规划研究［D］．天津：天津大学硕士学位论文，2010.
[157] 吕岩．S公司项目经理胜任力模型的建立与应用［D］．上海：上海交

通大学硕士学位论文，2010.

[158] 马保华. SA8000 的伦理学分析 [D]. 成都：西南交通大学硕士学位论文，2007.

[159] 马骏等. 加强电力企业中、高层员工职业生涯管理的措施 [J]. 中国电力教育，2011（9）.

[160] 马蔚华. 2005 年全国企业家活动日专题健康和谐可持续发展 [J]. 企业管理，2005（6）.

[161] 毛海东. 唐山不锈钢有限责任公司薪酬体系研究 [D]. 北京：北京交通大学硕士学位论文，2009.

[162] 毛明来. 和谐理念下的投资项目经济评价研究 [D]. 天津：天津大学硕士学位论文，2007.

[163] 毛清华等. 中小企业薪酬留人对策分析 [J]. 经济导刊，2007（7）.

[164] 苗元江. 心理学视野中的幸福：幸福感理论与测评研究 [M]. 天津：天津人民出版社，2009.

[165] 倪钢. 我国民营企业文化创新问题研究 [D]. 开封：河南大学硕士学位论文，2006.

[166] 倪伟光. 中国传统"和"文化对邓小平决策的影响 [J]. 经济与社会发展，2003（5）.

[167] 潘旦. 协调劳资关系，构建和谐企业——温州市私营企业劳动争议特征及对策研究 [J]. 温州大学学报（社会科学版），2008（3）.

[168] 潘晓兰. 人力资源管理与企业文化 [J]. 辽宁行政学院学报，2006（5）.

[169] 潘泽泉. 现代企业职业生涯管理实践与战略分析 [J]. 特区经济，2005（4）.

[170] 裴吉平. 西北奔牛公司企业文化构建研究 [D]. 西安：西安理工大学硕士学位论文，2006.

[171] 钱萍. 企业薪酬管理中人文关怀的缺失 [J]. 企业导报，2010（12）.

[172] 钱卫. 对企业人际关系和谐的思考 [J]. 山东工会论坛，2007（4）.

[173] 秦洪泰. 创建和谐企业目标与途径探索 [D]. 长春：东北师范大学硕士学位论文，2008.

[174] 裘玉雯. 和谐企业文化建设研究 [D]. 青岛：中国海洋大学硕士学位论文，2009.

[175] 饶风云. 企业环境社会责任研究 [D]. 开封：河南大学硕士学位论文, 2012.
[176] 任荣明, 朱晓明. 企业社会责任多视角透视 [M]. 北京：北京大学出版社, 2009.
[177] 任孝鹏, 白新文, 郑蕊等. 心理和谐的结构与测量 [J]. 华人心理学报, 2009 (1).
[178] 荣兆梓. 通往和谐之路：当代中国劳资关系研究 [M]. 北京：中国人民大学出版社, 2010.
[179] 茹宝. 现代企业社会责任主体构成及其社会责任问题研究 [D]. 石家庄：河北经贸大学硕士学位论文, 2010.
[180] 阮班鹰. 基于科学发展观的企业社会责任评价体系研究 [J]. 财会通讯, 2010 (3).
[181] 阮志华. 中小企业薪酬管理探析 [J]. 经济师, 2011 (10).
[182] 单晓敬. 如何解决生产管理的功能性障碍——生产员工薪酬篇 (1) [J]. 印刷技术, 2013 (18).
[183] 申丽红. 浅谈和谐企业管理理论的研究 [J]. 管理观察, 2011 (11).
[184] 沈洪涛, 沈义峰. 公司社会责任思想的起源与演变 [M]. 北京：人民出版社, 2007.
[185] 沈壮海. 软文化真实力 [M]. 北京：人民出版社, 2008.
[186] 施平. 我国上市公司社会责任与企业绩效的实证研究 [J]. 华东经济管理, 2010 (7).
[187] 施星辉. 企业公民——中国企业社会责任状况调查报告 [J]. 中国企业家, 2008 (1).
[188] 石国兴, 高志文. 关于心理和谐的思考 [N]. 光明日报, 2007 (11).
[189] 石国兴, 高志文. 心理和谐结构探析 [N]. 光明日报, 2007 (7).
[190] 石国兴, 林乃磊, 祝伟娜等. 石家庄市居民心理和谐状况研究 [J]. 河北师范大学学报, 2008 (1).
[191] 宋晶, 王晓飞, 赵晶等. 中小企业和谐劳动关系构建的制度分析 [J]. 经济要参, 2010 (3).
[192] 苏先兵. 中小企业薪酬管理存在的问题及其对策探讨 [J]. 现代企业文化, 2008 (10).
[193] 隋晶. 对人力资源的薪酬管理探讨 [J]. 科学与财富, 2012 (3).
[194] 孙凤. 和谐社会与主观幸福感 [M]. 北京：科学出版社, 2008.

[195] 孙金锋等. 中小企业薪酬管理存在的问题与解决对策 [J]. 管理学家, 2010 (12).

[196] 孙利平等. 等国外关于伦理领导的研究 [J]. 理论探讨, 2009 (9).

[197] 孙雪芹. CC 物业员工工作不安全感影响因素研究 [D]. 北京：对外经济贸易大学硕士学位论文, 2008.

[198] 唐慧敏. 高校辅导员流畅体验的实证研究 [D]. 南昌：南昌大学硕士学位论文, 2010.

[199] 唐亮. HS 公司薪酬方案设计研究 [D]. 大连：大连理工大学硕士学位论文, 2008.

[200] 陶欣欣. 试论心理和谐的层次性及其对促进社会和谐的作用 [J]. 求实, 2008 (3).

[201] 田培炎. 如何理解注重促进人的心理和谐——学习党的十六届六中全会（决定）系列谈 [N]. 人民日报, 2007 (2).

[202] 童旭. 薪酬管理的研究与探索 [D]. 哈尔滨：哈尔滨工程大学硕士学位论文, 2004.

[203] 涂山峰, 郭笑. 构建和谐心理与心理和谐体系 [J]. 中国经济时报, 2007 (7).

[204] 涂云海. "三方协调"机制——民营企业和谐劳动关系的框架构建 [J]. 特区经济, 2008 (2).

[205] WTO 经济导刊编辑部. 2010 年企业社会责任大事记 [J]. WTO 经济导刊, 2011 (1).

[206] 万幸, 邱之光. 中国企业社会责任报告研究综述 [J]. 生产力研究, 2011 (7).

[207] 王斌. 辽宁中新科技有限公司营销人员绩效考核研究 [D]. 天津：天津大学硕士学位论文, 2004.

[208] 王丹. 刍议企业环境责任 [D]. 上海：复旦大学硕士学位论文. 2011.

[209] 王丹. 政府推进企业社会责任法律问题研究 [J]. 北京：法律出版社, 2010.

[210] 王丹红. 我国企业和谐文化建设研究 [D]. 青岛：中国海洋大学, 2010.

[211] 王得民. X 公司薪酬体系设计研究 [D]. 合肥：合肥工业大学, 2012.

[212] 王登峰, 黄希庭. 自我和谐与社会和谐——构建和谐社会的心理学解

读［J］．西南师范大学学报，2007（1）．

［213］王汉玉，王垚，邓大跃．发达国家企业环境责任制度的启示［J］．吉首大学学报，2010（3）．

［214］王红．企业的环境责任研究［M］．北京：经济管理出版社，2009．

［215］王红．也谈我国中小型企业薪酬管理［J］．北方经贸，2007（7）．

［216］王建华，王玲珑．基于利益相关者理论的企业生态责任问题研究［J］．福建行政学院学报，2010（6）．

［217］王启成，李广州等．心理健康与心理和谐的关系［J］．河北大学学报，2010（5）．

［218］王灿利．如何充分发挥思想政治工作在构建和谐企业中的作用［J］．中国科技财富，2009（6）．

［219］王长斌．和谐企业文化建设中的重点、难点及其对策［J］．中外企业文化，2007（5）．

［220］王海英．浅谈我国企业人力资源薪酬管理中存在的问题及解决对策［J］．现代企业教育，2013（5）．

［221］王佳．基于胜任特征的IT研发人员职业生涯管理研究［D］．北京：北京交通大学，2009．

［222］王世镇．TY公司管理人员薪酬体系改进研究［D］．天津：南开大学硕士学位论文，2010．

［223］王希凯．和谐社会进程中东营区政法建设研究［D］．青岛：中国石油大学（华东）硕士学位论文，2007．

［224］王雪琦．基于心理契约的人力资源管理研究［D］．武汉：武汉理工大学硕士学位论文，2008．

［225］王秀清等．人力资源——薪酬管理［J］．山东纺织经济，2009（3）．

［226］王勇．昌飞集团公司薪酬与激励机制的构建［D］．天津：河北工业大学硕士学位论文，2006．

［227］王玉．MG公司国际工程项目团队激励策略研究［D］．天津：南开大学硕士学位论文，2010．

［228］王俞德．浅议企业文化的凝聚功能［J］．化工管理，2013（6）．

［229］韦昌华．在构建和谐企业中创新思想政治工作［N］．青岛日报．2006（9）．

［230］尉丽峰．某汽车安全气囊有限公司发展战略研究［D］．北京：北京交通大学硕士学位论文，2007．

## 参考文献

[231] 吴春艳．独山子石化总厂人力资源开发的研究［D］．天津：天津大学硕士学位论文，2005．

[232] 吴大保．心理和谐是构建社会主义和谐社会的题中应有之义［J］．求实，2007（2）．

[233] 吴宏洛．论我国私营企业和谐劳资关系的构建——基于马克思资本与雇佣劳动关系的论述［J］．马克思主义研究．2008（10）．

[234] 吴宏洛．转型期的和谐劳动关系［M］．北京：社会科学文献出版社，2007．

[235] 吴冀林，李镇远．打造和谐企业［M］．北京：人民出版社，2011．

[236] 吴椒军．论公司的环境责任［M］．北京：中国社会科学出版社，2007．

[237] 吴晶．公司环境责任及其实现机制研究［D］．西安：长安大学硕士学位论文，2010．

[238] 吴卫红．刍议企业思想政治工作如何促进企业建设［J］．城市建设理论研究（电子版），2013（5）．

[239] 吴远，曹芸．心理和谐对构建和谐社会的重要意义［J］．毛泽东邓小平理论研究，2008（3）．

[240] 肖生勇．浅谈我国国有企业薪酬激励［J］．林业科技情报，2010（5）．

[241] 肖映胜．和谐社会主体及其管理效益分析［J］．产业与科技论坛，2008（12）．

[242] 谢海东．非公有制企业劳资冲突的根源及治理［J］．特区经济，2009（12）．

[243] 心理和谐项目组．我国民众心理和谐状况研究［J］．科技与社会，2008（2）．

[244] 辛春红．和谐社会理念的辩证法基础和历史唯物论阐释［D］．哈尔滨：哈尔滨工业大学硕士学位论文，2006．

[245] 辛海涛．个性化工作分析和工作设计在企业人力资源管理实践中的应用［D］．青岛：中国海洋大学硕士学位论文，2008．

[246] 辛杰．基于利益相关者的企业社会责任指标与表现评价［J］．山东社会科学，2008（11）．

[247] 徐辉，王忠郴．基于和谐理论的劳资关系协调预警机制的构建［J］．企业经济，2008（3）．

[248] 徐吉平. 我国私营企业劳动关系之现状、原因及对策分析 [C]. 上海市社会科学界第七届学术年会论文集, 2009.

[249] 徐尚昆, 杨汝岱. 企业社会责任概念范畴的归纳性分析 [J]. 中国工业经济, 2007 (5).

[250] 徐炜, 张飞. 日本企业社会责任管理对我国的启示 [J]. 中国经贸导刊, 2011 (21).

[251] 徐颖. 企业社会责任评价指标体系构建 [J]. 合作经济与科技, 2010 (2).

[252] 薛德林. 充分发挥思想工作和政研会在构建和谐企业中的作用 [J]. 企业文明, 2007 (6).

[253] 颜剩勇. 企业社会责任财务评价研究 [M]. 成都：西南财经大学出版社, 2011.

[254] 闫飞. HN送变电公司人力资源管理诊断报告 [D]. 郑州：郑州大学硕士学位论文, 2011.

[255] 杨东平. 中国环境发展报告2010 [M]. 北京：社会科学文献出版社, 2010.

[256] 杨东平. 中国环境发展报告2011 [M]. 北京：社会科学文献出版社, 2011.

[257] 杨东平. 中国环境的危机与转机 [M]. 北京：社会科学文献出版社, 2008.

[258] 阳建国. 现代管理必须营造和谐的人际关系 [J]. 桂海论丛, 2001 (6).

[259] 杨兰. 我国企业环境信息公开制度研究 [D]. 杨凌：西北农林科技大学硕士学位论文, 2010.

[260] 杨雷. 电力企业职业生涯管理探讨 [D]. 南京：南京理工大学硕士学位论文, 2006.

[261] 杨晓峰, 李玮, 郑雪. 试论心理和谐的构建 [J]. 内蒙古大学学报, 2009 (3).

[262] 杨亚氰, 张军德. 试论和谐企业文化建设的主旨及途径 [J]. 南方论刊, 2008 (4).

[263] 杨勇, 高汝熹. 论私营企业和谐劳动关系的构建 [J]. 中国人力资源开发, 2007 (3).

[264] 杨永春. 和谐企业员工的工作幸福感研究 [D]. 青岛：中国海洋大

学硕士学位论文，2011.
[265] 杨芝. 基于企业内部稳定和谐的中小企业薪酬管理研究 [J]. 现代商业，2012（9）.
[266] 姚庆禹. 论我国企业环境社会责任法律制度的完善 [D]. 厦门：厦门大学硕士学位论文，2009.
[267] 姚先国. 劳资和谐是劳动关系和谐的核心 [J]. 今日浙江，2007（7）.
[268] 叶剑峰. 郴州双鹤医药公司员工激励机制优化方案研究 [D]. 长沙：湖南大学硕士学位论文，2009.
[269] 易泽瑶. TD 公司员工培训与发展的研究 [D]. 成都：西南交通大学硕士学位论文，2005.
[270] 尹德和. 以"和"为核心的企业伦理文化研究 [D]. 长沙：中南大学硕士学位论文，2008.
[271] 尹德和. 和谐文化与企业管理 [M]. 北京：人民出版社，2009.
[272] 于素丽，庞守林. 农民工特殊性对私营企业劳资关系的影响 [J]. 经济学动态，2008（9）.
[273] 于志明. 用以人为本理念构筑和谐的企业文化 [J]. 长江论坛，2007（4）.
[274] 俞国良. 浅释"心理和谐" [J]. 前线，2007（3）.
[275] 余丹. S 公司薪酬体系研究 [D]. 沈阳：东北大学硕士学位论文，2008.
[276] 袁志. 一汽高级经理职业发展规划研究 [D]. 天津：天津大学硕士学位论文，2010.
[277] 曾晖等. 组织行为学发展的新领域——积极组织行为学 [J]. 北京工商大学学报（社会科学版），2007（2）.
[278] 曾晖等. 开发成功心理资本 [J]. 企业管理，2005（12）.
[279] 曾晖等. 教师工作倦怠与积极心理资源的开发 [J]. 中国学校卫生，2008（6）.
[280] 曾丽洁. 企业的社会责任与中国的和平发展 [J]. 法学评论，2006（4）.
[281] 张宝武. JT 公司员工职业生涯管理研究 [D]. 北京：北京交通大学硕士学位论文，2010.
[282] 张春华. 责任御寒金融危机影响下的企业社会责任思考 [J]. WTO

经济导刊, 2009 (1).

[283] 张惠绒. 积极心理学视域下的和谐警民关系构建 [J]. 山西警官高等专科学校学报, 2012 (6).

[284] 张建新, 任孝鹏等. 转型期需要关注民众心理和谐 [J]. 科学时报, 2008 (12).

[285] 张静. IT 行业知识型员工的文化激励研究 [D]. 济南: 山东大学硕士学位论文, 2008.

[286] 张俊婷. 组织职业生涯管理结构及其对职业承诺的影响 [D]. 北京: 首都师范大学硕士学位论文, 2007.

[287] 张兰霞, 吴小康, 陈涛, 蒲永清. 基于 SEM 的我国劳动关系层面企业社会责任评价 [J]. 东北大学学报, 2010 (3).

[288] 张凌云. 国有企业员工职业生涯管理研究 [D]. 武汉: 华中科技大学硕士学位论文, 2005.

[289] 张面栓. 我国保险企业人才流失问题研究 [D]. 太原: 山西财经大学硕士学位论文, 2008.

[290] 张守军. 基于社会三元结构的中国企业社会责任反思 [J]. 四川行政学院学报, 2009 (1).

[291] 张西立. 文化建设与和谐社会 [J]. 杭州: 浙江人民出版社, 2007.

[292] 张霞. 我国中小型企业薪酬管理的问题及对策研究 [J]. 广西轻工业, 2007 (9).

[293] 张衔, 肖斌. 企业社会责任的依据与维度 [J]. 四川大学学报, 2010 (2).

[294] 张晓东, 顾玉平. 社会和谐论——当代中国新社会治理理念的理性省思 [M]. 南京: 江苏人民出版社, 2008.

[295] 张晓丽. 中国的企业环境责任研究 [D]. 青岛: 青岛大学硕士学位论文, 2010.

[296] 张欣. 企业履行环境责任动力机制分析 [D]. 南京: 南京林业大学硕士学位论文, 2010.

[297] 张筝等. 影响员工归属感的七大因素 [J]. 企业活力, 2007 (9).

[298] 章辉美, 赵玲玲. 企业社会责任研究回顾与综述 [J]. 江汉论坛, 2010 (1).

[299] 赵昌智, 徐腾. 构建和谐社会与建设社会文明 [J]. 扬州大学学报（人文社会科学版）, 2008 (1).

[300] 赵辉. 我国保险企业人才流动的原因与对策研究 [D]. 天津：天津大学硕士学位论文, 2006.

[301] 赵临风. 论制造企业薪酬体系改进的思路与策略——以 ALSK 木业股份有限公司为例 [J]. 沿海企业与科技, 2009 (6).

[302] 赵茂祥. 坚持和谐原则构建和谐企业 [J]. 工会论坛, 2006 (01).

[303] 赵曙明. 企业社会责任的要素、模式与战略最新研究述评 [J]. 外国经济与管理, 2009 (01).

[304] 赵树然等. 努力探索协调劳资关系的有效途径——威海高技术产业开发区工会坚持"整体联动"、"全优服务"取得实效 [J]. 中国劳动关系学院学报, 2006 (2).

[305] 赵涛, 刘保民, 朱永明. 基于员工权益的企业社会责任评价体系探讨 [J]. 郑州大学学报, 2008 (3).

[306] 赵小仕. 转轨期中国劳动关系调节机制研究 [M]. 北京：经济科学出版社, 2009.

[307] 赵新. 当代中国文明协调发展问题研究 [D]. 济南：山东大学硕士学位论文, 2008.

[308] 赵颖. 基于 IRM 管理视角的企业社会责任信息需求与披露现状调查研究 [J]. 经济经纬, 2011 (4).

[309] 赵玉莲. 完善企业社会责任的对策研究 [J]. 生产力研究, 2011 (2).

[310] 赵中士. L 商事上海分公司销售人员薪酬管理实践及改进研究 [D]. 上海：上海交通大学, 2009.

[311] 郑莉君, 黄海涵, 贾文斌. 当代社会和谐思想的核心——自我和谐研究综述 [J]. 宁波大学学报 (教育科学版), 2010 (11).

[312] 郑启福. 推行社会责任标准 SA8000 构建和谐劳动关系 [J]. 北京邮电大学学报 (社会科学版), 2006 (6).

[313] 中国共产党第十六届中共委员会. 中共中央关于构建社会主义和谐社会若干重大问题的决定 [N]. 人民日报, 2006 (10).

[314] 中国心理学会. 促进心理和谐, 构建和谐社会 [J]. 心理学报, 2007 (1).

[315] 中科院心理和谐研究项目组. 中国民众心理和谐状况研究 [J]. 中国科学院院刊, 2008 (2).

[316] 周海波. 浅议思想政治工作在和谐企业建设中的作用 [J]. 山西经济

管理干部学院学报,2011 (5).
- [317] 周戟. 和谐哲学初探 [M]. 上海:学林出版社,2010 (7).
- [318] 周绍朋. 企业社会责任管理理论及在中国的实践 [J]. 国家行政学院学报,2010 (3).
- [319] 周玉,马建军. 构建和谐社会中的心理和谐及其实现路径 [J]. 四川理工学院学报,2010 (2).
- [320] 朱德超等. 心理和谐对新农村建设的影响 [J]. 安徽农业科学,2007 (9).
- [321] 朱红. 浅析企业薪酬制度存在的问题及建议 [J]. 科技创新导报,2009 (5).
- [322] 朱佳. 积极心理学视野下大学生心理健康教育工作研究 [J]. 当代教育论坛,2010 (9).
- [323] 朱永明. 基于环境视角的企业社会责任评价体系探讨 [J]. 中国国土资源经济,2008 (10).
- [324] 庄建江. 西部欠发达地区人力资源开发 [D]. 天津:天津大学硕士学位论文,2005.
- [325] Albert B. Self-efficacy in changing societies [M]. Cambridge:Cambridge University Press,1995.
- [326] Andrews. Managing the environment, managing ourselves:a history of American environmental policy [M]. New Haven:Yale University Press,1999.
- [327] Bandura A,Wood R.E. Effect of perceived controllability and performance standards on self-regulation of complex decision making [J]. Journal of Personality and Social Psychology,1989 (6).
- [328] B. Clemens,T. J. Douglas. Does coercion drive firms to adopt "voluntary" green initiatives? Relationships among coercion, superior firm resources, and voluntary green initiatives [J]. Journal of Business Research,2006 (5).
- [329] Bansal P.,Clelland. Talking trash:legitimacy, impression management, and systematic risk in the context of the natural environment [J]. Academy of Management Journal,2004 (1).
- [330] Bititci U.S.,Memdibil K.,Nudurupati S.,Turner T. The interplay between performance measurement, organizational culture and management

styles [J]. Measuring Business Excellence, 2004 (8).

[331] Bradbum N. M. The structure of psychologist well-being [M]. Aldine Publishing Company, 1969.

[332] Brown M. E., Trevino L. K., Harrison D. A. Ethical leadership: A social learning perspective for construct development and testing [J]. Organizational Behavior and Human Decision Processes, 2005 (2).

[333] Barney J. B. Resource-based theories of competitive advantage: a ten-year retrospective on the resource-based view [J]. Journal of Management, 2001 (7).

[334] Bhattacharya. Doing better at doing good: when, why, and how consumers respond to corporate social initiatives [J]. California Management Review, 2004 (1).

[335] Bruce S., Sara A. M., Barbara R. B. Comparing big givers and small givers: Financial correlates of corporate philanthropy [J]. Jowrnal of Business Ethics, 2003 (5).

[336] Buysse K. Proactive environmental strategies: a stakeholder management perspective [J]. Strategic Management Journal, 2003 (2).

[337] Carroll A. B. A commentary and an overview of key questions on corporate social performance measurement [J]. Business and Society, 2000 (4).

[338] Chung S. H., Lee A. H., Pearn W. L. Analytic network process approach for product mix planning in semiconductor fabricator [J]. International Journal of Production Economics, 2001 (9).

[339] Clarkson M. A stakeholder framework for analyzing and evaluating corporate social Performance [J]. Academy of Management Review, 1995 (1).

[340] Dodd. For whom are corporate mangers trustees? [J]. Harvard Law Review, 1932 (7).

[341] Dsord. Corporate social responsibility: Three key approaehes [J]. Jounral of Management Studies, 2006 (18).

[342] Delmas M. M., W. Toffel. Stakeholders and environmental management practices: an Institutional framework [J]. Business Strategy and the Environment, 2004 (13).

[343] Dowling G. R. Corporate reputations: Should you compete on yours? [J]. California Management Review, 2004 (6).

[344] Demant Da. Campaigns of corporate social responsibility: The Case of Canadian oil producer encana [J]. Academy of Management Journal, 2005 (11).

[345] Frances E. B. Environmental visibility: a trigger of green organizational response? [J]. Business Strategy and the Environment, 2000 (9).

[346] Geoff M. Corporate social and financial performance: an investigation in the U. K. supermarket industry [J]. Journal of business ethics, 2004 (4).

[347] Edwin W. , Pstein. The corporate social policy: Beyond business ethses, corporate social responsibility and corporate social responsiveness [J]. California Management Review, 2008 (4).

[348] Georges E. Action-oriented business ethics [M]. Shanghai Academy Social Sciences Publishing House, 2002.

[349] Harrison J. S. Resource complementarity in business combinations: extending the logic to organizational alliances [J]. Journal of Management, 2001 (7).

[350] J. M. Clark. The Changing basis of economic responsibility [J]. Journal of Political Economy, 1976 (3).

[351] James J. B. Corporate responsibility and legitimacy [M]. New York: Greenwood Press, 1991.

[352] Jim S. , Isabel T. A. The impact and implications of environmentally linked strategies on competitive advantage: a study of Malaysian companies [J]. Journal of Business Research, 2000 (1).

[353] Jones T. M. , Felps W. , Bigley G. A. Ethical theory and stakeholder related decision: The role of stakeholder culture [J]. Academy of Management Review, 2007 (1) .

[354] Jody H. G. , Andrew V. N. Mutual gains or zero sum? Labor relations and firm perfomance in the airline industry [J]. Industrial and Labor Relations Review, 2004 (17).

[355] Joshua D. M. , James P. W. Misery lovers companies: rethinking social initiatives by business [J]. Administrative Science Quarterly, 2003 (8).

[356] Khaled E. Reexamining the expected effect of available resources and firm size on firm environmental orientation: An empirical study of UK firms

[J]. Journal of Business Ethics, 2006 (6).

[357] Larry F. Positive psychology in the workplace [J]. The Workplace, 2009 (8).

[358] Lund T. Towards a critical framework on corporate social and environmental responsibility in the south: in the case of Pakistan [J]. Development. 2004 (3).

[359] Mudnaney S. Corporate reputation global crisis [J]. Public Eye, 2004 (18).

[360] Mcwilliams A. D. Corporate social responsibility: a theory of the firm perspective [J]. Academy of Management Review, 2001 (1).

[361] Moon J. Government as a driver of corporate social responsibility [C]. University of Nottingham, International Centre for Corporate Social Responsibility, Research paper Series, 2004.

[362] Moore G. Corporate social and financial performance: an investigation in the U. K. supermarket industry [J]. Journal of Business Ethics, 2001 (3).

[363] Mill G. The Financial performance of a socially responsible investment over time and a possible link with corporate social responsibility [J]. Jowrnal of Business Ethics, 2006 (6).

[364] Mohr L. A., Webb D. J. The effect of corporate social responsibility and price on consumer responses [J]. Consumer Affairs, 2005 (1).

[365] Norman B. New direction in corporate social responsibility, Business Ethics: Readings and cases in corporate morality [M]. New York: McGraw Hill Company, 2001.

[366] Orlitzky M., Benjamin J. D. Corporate social performance and firm risk: A meta-analytic review [J]. Business and Society, 2001 (4).

[367] Orlitzky M. F., Schmidt S. L. Corporate social and financial performance: A meta-analysis [J]. Organization Studies, 2004 (3).

[368] Parasuraman S., Greenhaus H. Role stressors, social support, and well-being among two career couples [J]. Journal of Organizational Behavior, 1992 (4).

[369] Parasuraman S., Purohit S., Godshalk. O., Veronica M, et al. Work and family variables, entrepreneurial career success, and psychological

well-being [J]. Journal of Vocational Behavior, 1996 (3).

[370] Pennington R. G. Change performance to change the culture [J]. Industrial and Commercial Training, 2003 (35).

[371] Roberts P. W. , Dowling G. R. Corporate reputation and sustained superior financial performance [J]. Strategic Management Journal, 2004 (2).

[372] Rowley T. , Berman S. L. A brand new brand of corporate social performance [J]. Business and Society Review, 2002 (4).

[373] Schilling M. A. , Steensma H. K. Disentangling the theories of firm boundaries: a path model and empirical test [J]. Organization Science, 2002 (4).

[374] Sen S. , Bhattacharya C. B. Does doing good always lead to doing better? Consumer reactions to corporate social responsibility [J]. Journal of Marketing Research, 2001 (5).

[375] Shaker A. Z. , Anders P. N. Sources of capabilities, integration and technology commercialization [J]. Strategic Management Journal, 2002 (5).

[376] Subhabrata B. B. Corporate environmental strategies and actions [J]. Management Decision, 2001 (1).

[377] Svendsen A. C. , Laberge M. Convening stakeholder network [J]. The Journal of Corporate Citizenship, 2005 (19).

[378] Spreitzer G. M. Psychological empowerment in the workplace: Dimensions, measurement, and validation [J]. Academy of Management Journal, 1995 (5).

[379] Shin D. C. , Johnson D. M. Avowed happiness as an overall assessment of the quality of life [J]. Social Indicators Research, 2012 (1).

[380] Salty T. L. Making decisions in hierarchic and network systems [J]. Applied Decision Sciences, 2008 (2).

[381] Windsor D. The future of corporate social responsibility [J]. International Journal of Organizational Analysis, 2001 (3).

[382] Zhu K. , Sean X. , Jason D. Assessing drivers of e-business value: results of a cross-country study [C]. 24th International Conference on Information Systems (ICIS), 2003.